Ich werde Papa!

Tipps, Tricks und Motivation für den modernen Vater von Heute

Marco Freund

Alle Ratschläge in diesem Buch wurden vom Autor und vom Verlag sorgfältig erwogen und geprüft. Eine Garantie kann dennoch nicht übernommen werden. Eine Haftung des Autors beziehungsweise des Verlags für jegliche Personen-, Sach- und Vermögensschäden ist daher ausgeschlossen.

Ich werde Papa!: Tipps, Tricks und Motivation für den modernen Vater von Heute.

Copyright © 2020 Marco Freund

Alle Rechte, insbesondere das Recht der Vervielfältigung und Verbreitung der Übersetzung, vorbehalten. Kein Teil des Werkes darf in irgendeiner Form (durch Fotokopie, Mikrofilm oder ein anderes Verfahren) ohne schriftliche Genehmigung des Verlages reproduziert oder unter Verwendung elektronischer Systeme gespeichert, verarbeitet, vervielfältigt oder verbreitet werden.

Für Fragen und Anregungen:
m.books@gmx.at
Auflage 2019

INHALT

Vorwort 2
Einleitung 4
Die Rolle des Vaters in unserer Gesellschaft 7
Es war einmal 14
Bilder von Vätern 18
   Der abwesende Vater 21
   Der finanzielle Versorger 23
   Der stille Beobachter 24
   Das Familienoberhaupt 26
Vaterschaft in Skandinavien 29
Idealbilder und Realität 33
Was ist überhaupt ein guter Vater? 38
Die fünf Stufen der Vaterschaft 42
„Wir schaffen das!" – Wenn Väter allein erziehen 47
Vater-Mutter-Kind. Eine Triade 53
Wenn Männer zu Vätern und Frauen zu Müttern werden 60
   Das Paar als Basis fürs Elternsein 65
   „Wir erfinden uns gemeinsam neu" 70
   Sexualität 74
Ich als Vater 77
   Mein „inneres Kind" 83

Herausforderungen und Ressourcen ... 90

Zentrale Erziehungs- „Bausteine" ... 94

Liebe deine Kinder bedingungslos. ... 94

Strukturiere das Leben deiner Kinder. ... 95

Halte dich an Regeln. ... 96

Wecke und unterstütze die Interessen deines Kindes ... 98

Gib dem Kind Raum zur Entfaltung. ... 100

Dein Kind ist richtig und wertvoll, so wie es ist. ... 101

Unterstütze dein Kind. ... 103

Gib deinem Kind ein richtiges Zuhause. ... 104

Sprich mit deinem Kind und höre ihm zu ... 107

Sei die beste Version von dir. ... 111

Zwischen Miteinander und Autonomie ... 114

Selbstfürsorge als Mann: Nur wem es gut geht, der kann geben und beschützen ... 117

Praktische Tipps für den Alltag ... 121

Schluss ... 127

Literaturverzeichnis ... 129

ICH WERDE PAPA!

Es gibt Väter und es gibt Zeuger. Väter können zum Zeuger degradiert werden. Vom Zeuger zum Vater ist ein Werdegang.

Niemand von Keiner (Pseudonym), geboren 1950

MARCO FREUND

Vorwort

Es gibt die Aussage: „Vater werden ist nicht schwer, Vater sein dagegen sehr" aus einem Gedicht von Wilhelm Busch. So ganz stimmt das nicht, wenn man außer Acht lässt, dass mit diesem Sprichwort die biologische Zeugung eines Kindes gemeint ist. Sicherlich, wenn das Kind erst einmal auf der Welt ist, bist du Vater, aber bist du der Vater, der du sein möchtest? Und wenn nicht: Was musst du alles tun, um dieser Vater zu werden? Der gute Vater, der Beschützer, der Spielkamerad, das Vorbild, der Erzieher, die Respektsperson, der Kumpel, der Ratgeber und der Mann, der Mama liebt und einfach alles kann? Es gibt viele Dinge zu bedenken, viele Gedanken, Sorgen, Ängste, aber was ist wichtig für dein eigenes

ICH WERDE PAPA!

Verhalten? Auf welche Fragen – oder Antworten – bist du nicht vorbereitet? Was hat sich geändert, seit du geboren wurdest, und welche Erwartungen stellen Mütter, Gesellschaft und vor allem die Kinder heute an einen Vater? Mit welchen Gedanken musst du dich anfreunden, von welchen Dingen, Hobbys, von welchem Gedanken musst du dich verabschieden und was wird die Existenz des neuen Lebens in deinem Leben verändern? Mehr als je zuvor steht die Vaterrolle heute auf dem Prüfstand. Nur das Geld verdienen und „Mama macht den Rest" ist längst überholt. Dein größtes Abenteuer beginnt mit zwei Streifen auf einem Schwangerschaftstest. Deine Aufgabe: Werde der beste Vater, der in dir steckt.

MARCO FREUND

Einleitung

Dieses Buch hat zwei grundlegende Aufgaben: Erstens möchte es dich, der du bereits Vater bist und dich noch einmal mit den Eigenschaften eines Vaters auseinandersetzt, daran erinnern, warum du gerne Vater bist und wie viel mehr du vom Leben hast, seit diese kleinen Menschen um dich sind. Vielleicht hast du auch das Gefühl, etwas vom Weg abgekommen zu sein und dich irgendwie verloren zu haben. Dann kann dir dieses Buch helfen, den Weg zu dir und deiner Familie zurückzufinden.

Zweitens, wenn du vor Kurzem den berühmten Satz „Du wirst Vater" gehört hast, dann hast du jetzt Fragen, Ängste, Sorgen, Wünsche und weißt vermutlich nicht genau, wo du anfangen sollst. In diesem Buch wirst du

ICH WERDE PAPA!

einige Ansätze und Grundlagen finden, die dir durch die Schwangerschaft und in die Vaterrolle helfen. Es wird an wenigen Punkten etwas medizinisch und juristisch, sehr häufig psychologisch, aber auch bürokratisch werden. In den Stunden, die du mit diesen Zeilen verbringst, solltest du aufgeschlossen sein. Du wirst dich mit der Mutter des Kindes, vielleicht, wenn du nicht der Erzeuger bist, mit dem Vater des Kindes und besonders mit dir, deiner Kindheit und deinen Eltern beschäftigen und kritisch auseinandersetzen. Vielleicht hast du Sorge wegen der Menge an Neuem, die nun in dein Leben tritt und um deine Kneipentouren mit den Kollegen. Ein Kind strukturiert dein Leben neu, alte und neue Freunde, Ideen, Schlaf- und Essgewohnheiten werden in dein Leben treten. Am Ende dieses Buches wirst du mit ausreichend Wissen um deine neue Situation versorgt sein. Sei dir gewiss, dass kein Buch dieser Erde dich vollständig auf deinen neuen Weg vorbereiten kann: Dein Leben wird lauter, bunter, müder, tränenreicher, aber vor allem liebevoller und reicher werden, die Beschreibung dessen ist unmöglich. Aber ein Survival-Kit wie dieses Buch dabei zu haben, wird dich zumindest in den meisten Situationen etwas beruhigen und dich gelegentlich mit einem kleinen Augenzwinkern aufmuntern.

MARCO FREUND

Bei Kindern ist nichts von Dauer; das gilt besonders für Vasen, Masern, erzieherische Grundsätze und die Höhe von Gestellen, Tischen und Kommoden.

Katherine Whitehorn, geboren 1926

ICH WERDE PAPA!

Die Rolle des Vaters in unserer Gesellschaft

In manchen Regionen der Welt gilt nach wie vor der Vater im Allgemeinen als bestimmendes Oberhaupt der Familie. Er ist der Haupternährer, hält die letzte Entscheidung inne und ist mit der Aufgabe betraut, die Familie vor allem Unheil und Übel zu schützen. Auch in unseren Breitengraden ist dieses Bild noch nicht gänzlich vertrieben worden. Dennoch gibt es mittlerweile auch zahlreiche andere anerkannte Hierarchieordnungen im familiären Umfeld. Alleinerziehende Mütter stehen neben alleinerziehenden Vätern, Patchwork-Familien, Regenbogen-Familien oder die Kinder wachsen eher bei den Großeltern auf, im Heim, im Internat oder werden Schlüsselkinder. Alle Kinder haben dabei gemeinsam, dass sie enge Bezugspersonen brauchen. Jeder Bezugsperson fallen dabei bestimmte Aufgaben, Rechte, Pflichten und wissenschaftlich nachgewiesene Bedeutungen zu. Damit das Kind glücklich wird, ist dabei in erster Linie nicht wichtig, dass es bei seinen leiblichen Eltern aufwächst, dies ist lediglich der gesellschaftliche und evolutionäre Idealfall für die Statistik. Für das Kind selbst ist es wichtig, dass es in einem stabilen, liebevollen und sicheren Umfeld aufwächst und feste Vertrauenspersonen hat, um sich und vor allem sein Selbst entwickeln zu können.

Da aber Kinder durch Nachahmung lernen, ist es wichtig, dass diese beide *Geschlechterrollen* beobachten können. Besonders in Regenbogen-Familien wird von einigen Seiten starke Kritik ausgeübt, das Kind hätte nicht Mutter und Vater, sondern Mutter und Mutter oder Vater und Vater. Das hindert Kinder nicht daran, sich prächtig zu entwickeln. Es kommt sehr stark auf die Vermittlung von Werten an und darauf, dass das Kind lernt, wie es mit anderen Menschen umzugehen hat. Und auch bei gleichgeschlechtlichen Eltern gibt es den zweiten biologischen Elternteil, der gelegentlich an der Kindeserziehung beteiligt ist, sodass das Kind drei

ICH WERDE PAPA!

Elternteile hat. Für eine gesunde Kindesentwicklung ist dementsprechend mehr nötig als Mutter-Vater-Kind, sodass du, solltest du nicht mit der Mutter zusammen unter einem Dach leben, dennoch keine defizitäre Erziehung praktizieren musst. In welcher Konstellation du also mit deinen Kindern lebst, kann dich nicht davon abhalten, der bestmögliche Papa zu sein.

Heute gibt es drei rechtlich unterschiedene Definitionen von „Vater": den biologischen, den rechtlichen und den sozialen Vater. In der antiquierten Vorstellung hat eine Person alle drei Positionen inne. Im vergangenen Jahrhundert begann jedoch ein grundlegender, gesellschaftlicher Wandel, der in den 1950er Jahren für den Beginn einer juristischen Umwälzung sorgte: Die Unterschiede zwischen diesen drei Vater-Arten wurden größer und somit rechtlich relevant. Der biologische Vater bekam auch außerhalb der Ehe Rechte an der Kindeserziehung zugesprochen, da sowohl die Anzahl an Scheidungen als auch die Anzahl unehelicher Kinder anstieg. Das Gesetz wurde dahingehend angepasst, dass Vaterschaft ab- oder anerkannt werden kann. In Gerichtsstreitigkeiten ist es bis heute so, dass oft Mütter das alleinige Sorgerecht zugesprochen bekommen, jedoch ist auch hier die Tendenz zum Zuspruch der Rechte an den Vater steigend.

MARCO FREUND

Da sich die Betrachtung der Geschlechter im Allgemeinen in den letzten Jahrzehnten stark gewandelt hat, blieb also nicht aus, dass auch dem Vater andere, modernere Aufgaben zugesprochen wurden. Immer mehr verbreitet sich heute das Bild von Männern mit Säuglingen auf dem Arm und Spucktüchern über der Schulter. Straßen und Einkaufspassagen zeigen immer mehr junge Väter, die den Kinderwagen schieben oder eine Tragevorrichtung auf dem Bauch oder Rücken mit einem dieser kleinen Würmchen haben, dennoch ist die Rollenverteilung in den Familien nach wie vor stark an des ehemalige Bild von arbeitenden Vätern und Hausmüttern angelehnt und die gesellschaftliche Aufgabenverteilung zwischen Mutter und Vater verschiebt sich nur langsam. Immer mehr Väter gehen in Elternzeit oder melden sich „Krank mit Kind" am Arbeitsplatz. Dennoch ist der Vater nach wie vor der von Natur aus körperlich stärkere Part und seit jeher derjenige, der das Essen nach Hause bringt. Diese Rolle ist tief in unseren Genen verankert.

Dennoch erkennt man in Vorurteilen gegen alleinerziehende Mütter und Väter oder „Karrierefrauen", dass die vormalige Aufgabenverteilung nur gemächlich aus den Köpfen der Menschen verschwindet. Immer öfter kommt diese traditionelle Erwartungshaltung eher von älteren Generationen. Im Vergleich zu den 1950er Jahren, in

ICH WERDE PAPA!

denen die Familie an der Tür Spalier stand, um den Vater nach seinem Feierabend mit einem Getränk und den Pantoffeln zu empfangen, damit dieser anschließend seine Ruhe hatte, wird der Mann heute immer mehr in die Hausarbeit integriert, auch die Frau bringt Sorgen und Erlebnisse aus der Arbeit oder dem Alltag mit Kind mit in die Gespräche. Es herrscht weitestgehend Gleichberechtigung unter den Geschlechtern und wenn ein Mann die Mitarbeit im Haus und bei der Erziehung verweigert, wird er gründlich ausgeschimpft und der Haussegen hängt schief.

Trotz aller Gleichberechtigung hat die Natur uns Menschen einige Unterschiede zwischen Mann und Frau auferlegt. So ist meist der Mann größer und stärker, sodass er grundsätzlich eher wirkt, als könne er Schutz bieten. Dies wird auch hormonell gesteuert, sowohl bei der Schwangeren als auch bei dem Mann an ihrer Seite, denn sie ist durch das Austragen des Kindes in einem besonders schutzbedürftigen Zustand, da die Evolution von jedem Tier verlangt, dass die Nachkommen mit allen Mitteln geschützt werden. So entwickelt sich auch bei ihrem männlichen Begleiter ein Schutzinstinkt. Nach der Geburt, wenn die Mutter wieder zu Kräften gekommen ist, wird auch sie verstärkt für den Schutz des Neugeborenen von der Natur herangezogen. Somit verbleibt evolutionär und kulturell die Rolle des Beschützers besonders während und einige Monate nach der Schwangerschaft bei dem Vater des Kindes. Später, wenn die Kinder älter sind, werden diese sich je nach Stärke der Bindung auf den Schutz der Eltern verlassen. Haben beide Eltern das Urvertrauen der Kinder erworben, ist dann der naturgegebene, körperliche Unterschied zwischen Mann und Frau irrelevant.

Aber all diese Erwartungshaltungen ändern nichts daran, dass die einzige, naturgegebene Aufteilung der Elternrollen sich auf das Gebären bezieht, alle anderen Dinge kannst du als Vater problemlos übernehmen und es liegt an dir und der Mutter, die Aufgaben aufzuteilen.

ICH WERDE PAPA!

Wie die Mutter die eigentliche Amme ist, so ist der Vater der eigentliche Lehrer. Ein Kind wird von einem vernünftigen, wenn auch, was die Kenntnisse betrifft, etwas beschränkten Vater besser als von dem geschicktesten Lehrer der Welt erzogen werden.

Jean-Jacques Rousseau, 1712 -1778

MARCO FREUND

ES WAR EINMAL

Seit der Antike galt der Familienvater als oberste Instanz. Er hatte die Oberhand über alle im Haushalt lebenden Personen, entschied über die berufliche Laufbahn der Söhne und die zukünftigen Ehemänner der Töchter. Ihm oblagen zwar nicht alle Aufgaben, er entschied jedoch, wer welche Aufgaben übernahm, vertrat den gesamten Haushalt in rechtlichen, gesellschaftlichen und sozialen Belangen und wurde auch für Fehltritte seiner Familienmitglieder von außen belangt. Betrugen sich seine Kinder nicht ausreichend gut, wurde er als schlechter Vater abgetan, schließlich war er auch für die körperliche Züchtigung zuständig. Erst während des 18. Jahrhunderts wurde der Fokus von Schlägen und anderen gewalttätigen Praktiken abgezogen und auf gewaltfreie – oder wenigstens gewaltärmere – Erziehung gelegt. Dennoch oblag weiterhin dem männlichen Familienoberhaupt die Aufgabe, die Familie körperlich und geistig gesund zu halten. Konnte ein Mann dies nicht, weil er selbst physisch nicht dazu in der Lage war, beispielsweise durch Krankheit, so übernahm entweder der älteste Sohn, sofern dieser schon alt genug war, oder ein anderes, männliches Mitglied der Familie diese Aufgabe. Bereits aus diesem Beispiel wird deutlich, dass die Vaterrolle als solche in erster Linie dem biologischen

ICH WERDE PAPA!

Vater zugeordnet war, in zweiter Linie aber dem sozialen Vater. Starb ein Mann, so ging die Witwe mit den kleinen Kindern oft in den Haushalt ihrer anderen männlichen Angehörigen, sie zog zurück zu ihrem Vater, Bruder oder Onkel. Es galt sehr lange Zeit, dass eine Frau nicht ohne einen Mann eine Familie zusammenhalten und Kinder aufziehen kann. Dies war einerseits dadurch begründet, dass den Frauen die körperliche Belastbarkeit aberkannt wurde, andererseits konnten Frauen aber durch mangelnde Gleichberechtigung selten eine Arbeit finden, die hinreichend für finanzielle Sicherheit sorgte.

Das vergangene Jahrhundert wurde dann aber zum Jahrhundert der Mütter: Zwei Weltkriege forderten ihren Tribut von unzähligen Kindern und Ehefrauen in aller Welt. Wer aus dem Krieg zurückkehrte, war entweder ein körperlicher Pflegefall oder emotional schwer belastet. Viele Frauen mussten daher die eigentlichen Aufgaben des Vaters übernehmen, Geld verdienen, Strenge und Güte bei den Kindern anwenden, Entscheidungen treffen und ihre eigenen Aufgaben „nebenher" erfüllen. Anschließend folgte in den betroffenen Gebieten für viele Menschen eine Belastungsprobe durch die Ostzone. Weder die Erziehung eines Freigeistes noch das Erkunden der Welt oder das Ausleben der eigenen Vorlieben, sei es aus beruflicher, kreativer oder sexueller Hinsicht waren ausreichend möglich. Mittlerweile sind die meisten dieser Begrenzungen nur noch in den Köpfen der Menschen aufrechterhalten, zumindest was den deutschsprachigen Raum anbelangt. Wie auch die Mutter-Vater-Idealbilder werden alle Werte und Ansichten von Generation zu Generation weitervermittelt. Wie du in diesem Buch noch lernen wirst, sind in deinem Unterbewusstsein zahlreiche Glaubenssätze und Meinungen verankert, die du von deinen Eltern gelernt hast, denn „der Apfel fällt nicht weit vom Stamm" ist eine Wahrheit und bedeutet, dass jedes Kind von seinen Eltern die Weltansicht übernimmt – es hat kaum eine andere Wahl.

Dennoch hat das letzte Jahrhundert zu einem Umdenken in diversen Lebensbereichen geführt und wir Menschen haben einiges dazugelernt. Dadurch hat sich auch das Familienbild gewandelt, und zwar einerseits, weil die Frauen vor Jahrzehnten ihre Rechte eingefordert haben und nun tatsächlich größtenteils gleichgestellt sind. Sie können studieren, Ausbildungen absolvieren, Führungspositionen einnehmen oder zum Mond fliegen, die Männerdomäne ist in den meisten Berufszweigen längst Geschichte. Andererseits erfinden sich die Väter notgedrungen neu, da ihnen die Rolle des allmächtigen Familienvaters mit allen Rechten und Pflichten entzogen wurde. Dadurch, dass eine rein

ICH WERDE PAPA!

patriarchale Familie heutzutage nur noch funktionieren kann, wenn alle Familienmitglieder damit einverstanden sind, muss der moderne Mann umdenken und sich mit Aufgaben auseinandersetzen, die sein Vater und Großvater der jeweiligen Frau überlassen haben. Die Identitätskrise der Väter des 21. Jahrhunderts ist in den vorigen Generationen hausgemacht worden.

MARCO FREUND

Ein liebender Vater ist immer auch ein bisschen Mutter.

Peter Schumacher, 1941 - 2013

ICH WERDE PAPA!

BILDER VON VÄTERN

Das Wort „Rabenmutter" ist weithin geläufig und steht für eine Frau, die ihre Kinder im Stich lässt. Damit sind aber nicht nur Frauen gemeint, die ihre Kinder gänzlich verlassen, sondern auch jene, die sich trotz der Geburt weiter auf ihre Karriere konzentrieren und viele Aufgaben im Haushalt und bei der Erziehung dem Kindsvater oder gar den eigenen Eltern überlassen oder sich trotz körperlicher Anwesenheit nicht um ihren Nachwuchs bemühen. Auch andere Begriffe wie „Glucke", „Supermutter" oder „Madonna" beschreiben Modelle von Müttern. Ebenso gibt es auch Vatermodelle, welche die Beteiligung des männlichen Elternteils an der Kindeserziehung beschreiben. Derzeit gibt es jedoch im Vergleich zu den vergangenen Jahrhunderten kein einheitliches Vaterbild. Dies ist rein theoretisch nicht weiter schlimm, so hast du schließlich weniger gesellschaftlichen Druck und musst nicht versuchen, in eine Rolle zu passen, die dir vielleicht nicht zusagt. Andererseits führt die „Qual der Wahl" aber auch zu einer Problematik: Wer keine festen soziokulturellen Vorschriften hat, muss eine eigene Vaterrolle finden, die für ihn und seine Familie geeignet ist. Das führt in manchen Fällen zu einer Krise: Viele Männer sind noch in den gelernten Rollen „echter Männer" verhaftet, und diese echten Männer spielen nicht mit Kindern, werden emotional oder bringen den Müll raus. Diese Dissonanz wird bei diesen Männern dadurch hervorgerufen, dass vermehrt der Ruf nach Vätern ertönt, die wieder aktiv an der Kindeserziehung beteiligt sind und der Tatsache, dass die letzten Generationen von Vätern geprägt waren, die nicht oder nur sehr wenig daran beteiligt waren, an Haushalt und Erziehung teilzunehmen. Die Väter der heutigen Generationen sind zwar auch nach der Arbeit nach Hause gekommen, verbrachten allerdings meist wenig Zeit mit dem Nachwuchs, besonders mit den Mädchen. Dieses Vaterbild wurde von der breiten Masse gebildet, da die meisten Familien zu Beginn des 19. Jahrhunderts durch die Industrialisierung geprägt waren. Arbeitstage mit 10 oder mehr Arbeitsstunden und nicht selten auch sechs Arbeitstagen in der Woche entfremdeten die Männer von Frau und Kind, die Relevanz des Vaters in der Erziehung der Kinder nahm drastisch ab.

Dass Väter im vergangenen Jahrhundert so selten innerhalb des Hauses präsent waren, ist der Tatsache geschuldet, dass diese gesetzlich dazu verpflichtet waren, sich um alle finanziellen, gesellschaftlichen und disziplinarischen Belange zu kümmern, der Frau hingegen oblag die Verpflichtung, Haus, Hof, Wäsche und Kinder sauber zu halten, Essen zuzubereiten und dem Mann zu berichten, zu welchen Handlungen der Kinder er erzieherisch tätig werden musste. Ein Mann,

ICH WERDE PAPA!

der sich viel oder übermäßig emotional mit seinen Kindern beschäftigte, galt als verweichlicht und unmännlich, da nur der Frau das emotionale Feingefühl zur Kindererziehung zugesprochen wurde. Mittlerweile hat sich jedoch herausgestellt, dass auch Männer Gefühle abseits von Hunger und Durst haben. Somit sind diese in der Erziehung der Kinder gern als aktiver Part gesehen. Für viele Bereiche gibt es damit neue Möglichkeiten: Ein Vater muss nicht mehr wie früher alle Entscheidungen, Rechte und Pflichten allein tragen, damit ist dieser in einigen Bereichen entlastet, bekommt aber in anderen Bereichen mehr Verantwortung. Der Umgang mit dieser Neuverteilung ist individuell. Es gibt Männer, die vollständig in ihrer neuen, komplexen Rolle als Alleskönner aufgehen, es gibt aber auch jene, die mit der aktiven Erziehung der Nachkommen überfordert sind. Wie du damit umgehst und wie gut du die multiplen Tätigkeitsfelder verkraftest, hängt unter anderem damit zusammen, wie die Aufgabenverteilung deiner Eltern während deiner Kindheit gewesen ist. Wenn du gelernt hast, dass der Mann den ganzen Tag arbeitet und nur am Sonntag am regen Familienleben teilnimmt, so ist dies möglicherweise als Grundsatz in deinem Unterbewusstsein verankert und es kann anstrengend für dich sein, dich den neuen Gegebenheiten anzupassen. Vielleicht ist es für dich aber auch das genaue Gegenteil, da endlich dein Wunsch nach einer Einheit in der Familie erfüllt wird. Wie auch immer deine Kindheit aussah, diese Zeit hat dich darin geprägt, wie du nun mit deinen Kindern umgehen wirst. Wenn du den Wunsch hast, auf keinen Fall wie dein Vater zu werden, wird das darin begründet sein, dass dieser dir gegenüber stark negative Verhaltensweisen an den Tag gelegt hat. Kinder neigen dazu, eher positives Verhalten zu adaptieren und sich gegen negatives Verhalten aufzulehnen.

DER ABWESENDE VATER

1998 veröffentliche die deutsche Boygroup „Die 3. Generation" einen Song namens „Vater, wo bist du?". Neben Aggression gehen auch Schmerz und Kummer sowohl des Sohnes als auch der Mutter aus diesem Stück hervor. Eines der grundlegenden Bedürfnisse eines Kindes – das „Dasein" des Vaters – wird im Refrain immer wieder aufgegriffen. Besonders für männliche Nachkommen ist ein Vater wichtig, da diese die Mutter schlecht als männliches Vorbild nehmen können. Fehlt „der Mann in der Familie", also die männliche Bezugsperson, kann ein Junge seine Identität nur schwer entwickeln. Da Kinder durch Nachahmung lernen, lernt ein Kind von dem Vater, wie man sich

ICH WERDE PAPA!

gegenüber anderen Menschen oder in bestimmten Situationen verhält. Das Vater-Sohn-Verhältnis sollte von gegenseitigem Stolz und Vertrauen geprägt sein. Fehlt diese Vertrauensperson, wird das Kind sich die Vorbildfunktion außerhalb des Haushaltes suchen, meist in den Medien, eher selten fungieren Lehrkräfte oder andere sekundäre Bezugspersonen als Vorbilder.

Wächst ein Mädchen ohne Vater auf, so versucht es, im späteren Leben die fehlende Anerkennung zu kompensieren, indem es meist zahlreiche Beziehungen mit Jungen und Männern eingeht, die ihr die gewünschte Wertschätzung nicht geben können. Der Grund dafür ist, dass jedes Kind im späteren Leben nach Partnern sucht, die ihren Eltern ähnlich sind. Konnten die Eltern dem Kind, als es klein war nicht geben, was es brauchte, wird es sich einen Partner suchen, bei dem das gleiche Defizit vorliegt und versuchen, die Fehler der eigenen Kindheit wiedergutzumachen. Aus diesem Grund landen viele Mädchen, die in der Kindheit misshandelt wurden, bei Männern, die sie erneut misshandeln. Bei einem abwesenden Vater wird sich das Mädchen also, bis es seinen Fehler erkennt und ausmerzt, Männer suchen, die, genau wie ihr Vater, ihr keine Anerkennung und Zuneigung entgegenbringen, ständig außer Haus oder geistig abwesend sind.

MARCO FREUND

Dieser Extremfall muss nicht immer gelten, ist aber sehr wahrscheinlich. Auch die Genetik, das restliche Umfeld der Kinder und die Mutter spielen dabei eine Rolle. Die Kinder haben schließlich auch andere Bezugspersonen außer der Mutter, sodass sie einen besseren Umgang lernen können. Wenn du aus beruflichen Gründen oder weil du dich von der Mutter des Kindes getrennt hast nicht oder nur selten mit deinem Kind unter einem Dach sein kannst, kannst du dennoch immer für dein Kind da sein. Dabei ist wichtig, dass ihr gute Zeit miteinander verbringt, die Welt entdeckt, gemeinsame Dinge schafft oder euch unterhaltet oder kuschelt. Kein guter Vater ist, wer den ganzen Tag neben seinem Kind auf der Couch vor dem Fernsehgerät sitzt. Somit ist die Art der gemeinsamen Zeit und nicht die Menge von Bedeutung.

DER FINANZIELLE VERSORGER

Wenn der Vater ausschließlich die Rolle des finanziellen Versorgers übernimmt, können sich daraus unterschiedliche Gefahren sowohl für die Beziehung der Eltern als auch für die Kindererziehung ergeben. Einerseits stehst du als einzige Geldquelle unter enormem Druck, da die gesamte Verantwortung für die Erhaltung der Grundbedürfnisse wie Essen, Wärme, Kleidung und Wohnung auf deinen Schultern liegt,

ICH WERDE PAPA!

andererseits wirst du aber vermutlich auch wegen der vielen Arbeit kaum Teil deiner Familie sein, da du einen sehr großen Teil der Zeit nicht da sein kannst. Diese Konstellation ist also nur dann sinnvoll, wenn du und der andere Elternteil sich darüber einig seid und keiner von euch beiden damit unzufrieden ist, außerdem sollte dein Arbeitsplatz so sicher wie möglich sein, um belastende Ängste über deren Verlust auszuschließen.

Um zu verhindern, dass du für deine Kinder zu einem abwesenden Vater wirst, sind Rituale und gemeinsame Familienzeit sowie feste Aktivitäten mit dir und den Kindern allein von essenzieller Bedeutung. Dein Kind sollte dabei das Gefühl bekommen, dass du da bist, ansprechbar und Interesse an deinem Kind hast, auch wenn du viel außer Haus bist. Solltest du selbstständig sein oder auch viel von Zuhause aus arbeiten können, sollten feste Zeiten, in denen du dich nur auf die Arbeit konzentrierst, eingeplant sein. Während dieser „festen Bürozeiten" bist du für deine Familie nur in absoluten Notfällen verfügbar, dazu solltest du in einem eigenen Büro mit geschlossener Tür sitzen können.

DER STILLE BEOBACHTER

Der stille Beobachter ist eine Abwandlung des abwesenden Vaters: Er ist zwar physisch anwesend, nimmt aber nicht aktiv an der Erziehung der Kinder oder deren Leben teil. Die Kinder versuchen stets, seine Aufmerksamkeit zu erregen und ihm eine Reaktion abzuverlangen, dies kann durch besonderen Gehorsam und beste Leistung in Schule und später Beruf erfolgen, aber auch durch absoluten Ungehorsam. Kinder versuchen immer, die Aufmerksamkeit ihrer Bezugspersonen zu erhalten und werden alles dafür tun. Interessiert sich ein Vater nicht dafür, freut sich nicht wirklich, schaut nicht hin, wenn die Kinder etwas Großartiges gemalt haben oder ohne Stützräder Fahrrad fahren gelernt haben, verstehen die Kinder, dass Väter sich nicht für Kinder interessieren und dass sie selbst nicht wichtig sind.

Auf der anderen Seite kann aber auch, wenn der andere Elternteil die gesamte Erziehung allein vornimmt und dich quasi in die Beobachterrolle hineinzwingt, dazu führen, dass die Kinder vermittelt bekommen „Männer haben in der Familie einen untergeordneten Platz". Bei Mädchen führt die Unterdrückung der Vaterrolle meist dazu, dass ein negatives Männerbild erzeugt wird, sodass diese später stets Partner finden, die nie gut genug sein können. Jungs hingegen werden häufig zu eben diesen nicht ausreichenden Partnern oder versuchen später durch ihr Verhalten, genau das Gegenteil zu erwirken, was in Extremfällen dazu führen kann, dass sie Frauen gegenüber gewalttätig werden, um nicht wie der Vater

ICH WERDE PAPA!

in einer unterdrückten Position zu enden. Auf die eine oder andere Weise wirst du deinem Kind eine antiquierte Rollenverteilung vermitteln, wenn du dich nicht aktiv an der Erziehung beteiligst. Wenn du es also gewohnt bist, morgens beim Frühstück die Zeitung zu lesen, lege diese so oft wie möglich zur Seite und widme deine Aufmerksamkeit der Familie. Kinder merken dies von Geburt an und entscheiden nach dem Verhalten ihnen gegenüber, ob du ein Fremder oder ein Freund und damit vertrauenswürdig bist.

Juristischer Aspekt: Die Wohlverhaltenspflicht der Erziehungsberechtigten ist im § 1684 des Bürgerlichen Gesetzbuches festgehalten und besagt, dass dem Kind der Umgang mit dem anderen Elternteil nicht verwehrt oder das andere Elternteil vor dem Kind diffamiert werden darf. Dies gilt sowohl bei getrennten als auch bei zusammenlebenden Elternteilen. Für ein Kind ist der Zugang zu allen Bezugspersonen essenziell für die gesunde Entwicklung. Ist dieser Kontakt nicht möglich, so ist es notwendig, dem Kind zu erklären, warum es nicht möglich ist, da es sich sonst sehr wahrscheinlich schuldig daran fühlt. Kinder verstehen Probleme unter Erwachsenen erst sehr spät. Wenn ein Papa nicht da ist, dann heißt das für das Kind in erster Linie, dass er nicht bei ihm sein möchte. Das vermittelt dem Kind, es sei unwichtig oder schlimmer: nicht liebenswert.

MARCO FREUND

DAS FAMILIENOBERHAUPT

Das sogenannte Patriarchat ist ein Konstrukt, welches schon bei den alten Römern Bestand hatte. Der „Pater familias" hat die letzte und endgültige Entscheidungsgewalt über alle Belange der Familie. Gewalt ist dabei der richtige Ausdruck, denn ungeachtet der Meinung der anderen Familienmitglieder oder auch wirklich guter und rationaler Argumente entscheidet der Vater über Geld, Urlaub, Arbeit, Freizeitaktivitäten, Schule und das Straf- oder Belohnungssystem. Das entsprechende Gesetz, in dem geregelt war, dass die Mutter der Kinder kein Recht auf Entscheidung hatte, sofern der Mann ihr dies nicht zugestand, wurde 1959 aufgehoben. Seither gilt gemeinsame Fürsorgepflicht. Das heißt: Entscheidungen werden gemeinsam und stets zum Wohl des Kindes entschieden. Sollten sich die Eltern nicht einig werden können, wartet das Familiengericht und entscheidet über Sorgerecht, Aufenthaltsbestimmungsrecht oder gegebenenfalls auch über Schulwechsel oder andere, gravierende Änderungen, die das Kind betreffen.

Im Endeffekt ist es sinnvoll, wenn man sich darauf einigt, wer in welchen Fällen die letzte Entscheidung trifft, zumal wir Menschen alle unterschiedliche Qualitäten haben. So kann es sein, dass die Mutter, weil sie mehr Zeit mit anderen Eltern verbringt und die

ICH WERDE PAPA!

Freunde der Kinder besser kennt, eher einschätzen kann, bei wem das Kind übernachten sollte oder bei wem nicht, der Vater hingegen hat vielleicht mehr Überblick über die finanzielle Situation und kann daher eher entscheiden, ob der neue Fernseher für das Kinderzimmer nun angeschafft werden kann oder dies noch verschoben werden muss. Bestenfalls finden die Eltern jedoch gemeinsam eine Lösung, sodass das Familienoberhaupt nicht bestimmt werden muss.

MARCO FREUND

Es gibt Väter, die sich um ihre Kinder kümmern auch ohne gesetzliche Elternzeit.

Paul Mommertz, geboren 1930

ICH WERDE PAPA!

VATERSCHAFT IN SKANDINAVIEN

Die skandinavischen Länder haben im Allgemeinen eine sehr hohe Lebensqualität. Dies liegt nicht nur an der besonderen Gesundheitspolitik oder dem sehr teuren Konsum von Tabak und Alkohol, sondern auch an der fortschrittlichen Familienpolitik der Länder. Während 1975 Deutschland mit einer großen Mauer und der RAF, die USA mit dem Vietnam-Krieg und Russland mit der Instandhaltung der Ostzone ausreichend beschäftigt waren, haben die Skandinavier erkannt, dass der Staat sich in Bezug auf die zunehmende Berufstätigkeit der Mütter von Kindern aller Altersgruppen ein neues Bild machen und sich anpassen muss. Somit wurden von den 1970er bis in die 1990er Jahre in den nordischen Staaten (Dänemark, Schweden, Norwegen, Finnland) Reformen durchgesetzt, die zur Folge hatten, dass Familien stark entlastet werden konnten. Die erste große Änderung betraf die berufstätigen Mütter: Eine staatliche Förderung öffentlicher Betreuungseinrichtungen wurde auf den Plan gerufen. In Deutschland geschah dies erst zu Beginn der 1990er Jahre, der Anspruch auf Betreuung von Kleinkindern unter drei Jahren wurde hierbei in Deutschland sogar erst um 2013 herum geregelt. Seither gibt es Betreuungsgeld für Eltern, die ihre Kinder zuhause behalten und auf eine Krippe oder einen Hort verzichten. Nicht selten wird daraus abgeleitet, dass das „Hausmütterchen" unterstützt, also die Beschäftigungsrate von Müttern durch finanzielle Zuwendung des Staates verringert wird. In manchen Ländern funktioniert das, in manchen nicht. Allerdings lässt sich statistisch eher belegen, dass bei günstiger Arbeitsmarktsituation das Erziehungsgeld weniger interessant ist als die Ausübung eines Berufes. In Schweden ist dies teilweise aber auch den gering ausfallenden Löhnen und Gehältern geschuldet.

In der zweiten Reformphase in den 1990er Jahren gaben dann die skandinavischen Väter den ausschlaggebenden Punkt: Es wurden „Väter-Zeiten" vereinbart. Damit sind Zeiträume von zehn Tagen bezahltem Sonderurlaub zur Geburt und einigen Wochen nach Geburt oder Adoption gemeint, die als Elternzeit ausschließlich für Papas reserviert sind. Insgesamt stehen beiden Elternteilen jeweils 240 Tage bis zum achten Lebensjahr des Kindes zur Verfügung. Weiterhin gibt es eine Regelung, die besagt, dass Eltern mit Kindern bis zum achten Lebensjahr einen Anspruch auf Teilzeitbeschäftigung haben. Während der Elternzeit werden 80 % des Gehaltes aus einem extra dafür geschaffenen Teil der Sozialversicherung gezahlt.

Skandinavien ist somit Vorreiter in der Anpassung der Elternzeit-Regelungen und unterstützt damit die Möglichkeit, Familie und Arbeit zu kombinieren. Die EU

ICH WERDE PAPA!

hat vor einigen Jahren nachgerüstet, sodass im angehenden 21. Jahrhundert die Gesetze in den EU-Ländern angepasst wurden. Was du wissen musst und wie du dich um den bürokratischen Teil des Elternwerdens kümmern kannst, erfährst du in „Praktische Tipps für den Alltag".

Die Väter in den skandinavischen Ländern sind durch die Vater-Zeiten und auch durch gemeinsamen Elternurlaub besser dazu in der Lage, sich an die neue Situation zu gewöhnen und schon früh im Leben des Kindes die Beziehung zur Mutter neu zu definieren, denn auch das Elternpaar muss sich neu aufeinander einstellen. Somit erhält auch der Vater schon sehr früh die Möglichkeit, eine enge Beziehung zu seinem Kind aufzubauen, denn die Bindung zwischen Mutter und Kind ist durch das Austragen und folgende Stillen bereits gefestigt. Beide Elternteile können ihren Lebensrhythmus mit dem Kind synchronisieren und den neuen Menschen kennenlernen. Das sorgt für eine Stärkung des Urvertrauens bei den Kindern und für eine Enthemmung der Berührungsängste bei den Vätern.

Wenn du also in den ersten Monaten viel Zeit mit deinem Kind verbringst, lernt ihr euch gegenseitig besser kennen und schafft damit die Grundlage für eine bessere und einfachere gemeinsame Zukunft.

MARCO FREUND

ICH WERDE PAPA!

Es gibt Väter, die mehr Väter-Darsteller sind als Väter; bei Müttern ist dieses Verhältnis selten anzutreffen, bei Kindern niemals.

Sigbert Latzel, geboren 1931

MARCO FREUND

Idealbilder und Realität

Das Bild eines perfekten Vaters wird von den zahlreichen Medien geprägt. Ähnlich wie in manchen Berufen wird stets dem einfachen Angestellten die eierlegende Wollmilchsau abverlangt, so gibt es das Idealbild des Mannes, nicht nur in Bezug auf die Partnerschaft, sondern auch auf seine Vaterrolle. Neben dem wandelnden Lexikon muss er das Kinderzimmer liebevoll und kreativ gestalten, aber auch die Möbel in Windeseile zusammenbauen können. Außerdem bringt er natürlich noch das nötige Kleingeld für ein Haus mit Garten mit, ist stets geduldig, gütig und fair und kann dazu noch kochen, backen und erledigt

ICH WERDE PAPA!

auch sonst alles im Haushalt, ohne sich je zu beklagen, während er wie selbstverständlich täglich seinem Beruf nachgeht, einkauft, sich mit seinen Eltern, Schwiegereltern und seinen und den Geschwistern der Kindesmutter versteht. Zudem ist er stets charmant, flirtet aber nie mit anderen und kennt sowohl die Stundenpläne als auch die Freizeitgestaltung seiner Kinder aus dem Kopf, kommt niemals zu spät und hat pünktlich die Steuererklärung fertig. Die Säuglinge kann er perfekt wickeln, steht nachts auf, wenn die Kleinen wach werden, verjagt Monster aus Schränken, kriecht unter Betten, hält die Kinderzimmer sauber, hat auf alle Fragen eine kluge und einleuchtende Antwort und kann alle Strophen von „heile, heile Gänschen" sowie die Lieblingslieder der Kinder auswendig.

Du hingegen kannst aus der Studenten-WG gerade noch Rührei zubereiten, ohne die Küche anzuzünden, bist froh, wenn deine Hemden nicht rosafarben aus der Waschmaschine kommen oder dir dann wenigstens noch passen und das letzte Mal, dass deine Schwiegermutter dich angelächelt hat, war, als du im letzten Winter draußen auf dem Hintern gelandet bist. Im Allgemeinen bist du eher ein Langschläfer und Chaos bricht erst aus, wenn der WLAN-Empfang schlecht wird und du guckst erst unter das Bett, wenn dich jemand fragt, wo die Balearen liegen, weil du nicht weißt, wann du diese das letzte Mal gesehen hast.

Das Wichtigste, wenn du dir Sorgen machst, du könntest Fehler machen, ist: Gut, dass du dir Sorgen machst, das bedeutet, du willst es gut machen und damit ist die Grundlage für das Papa-Sein geschaffen. Der nächste Punkt ist: Vielleicht ist es auch für deine Partnerin das erste Kind, also wird auch diese sich Sorgen machen, ob sie alles richtig macht. Setzt euch zusammen und redet darüber, vielleicht habt ihr Kenntnisse, die dem anderen helfen oder könnt euch die Sorgen gegenseitig nehmen. Für den richtigen Umgang mit Neugeborenen stehen euch Ärzte, Krankenschwestern und vor allem Hebammen zur Verfügung. Diese können noch einige Zeit nach der Geburt als Begleitung zu Besuch kommen und euch die wichtigsten Handgriffe beibringen. Besonders die Hürde des Wickelns, Anziehens und Haltens kann damit überwunden werden.

Im Allgemeinen können Defizite bei rein beweglichen Abläufen wie Haare flechten, Kinder anziehen oder auch das etwas anspruchsvollere Kochen durch Übungen behoben werden. In deinem engeren Umfeld befinden sich gewiss Personen, die mehr Erfahrung im Umgang mit Kindern haben, ebenfalls kochen lernten oder andere Kenntnisse und Fähigkeiten besitzen, bei denen du dir nun vorwirfst, diese nicht zu

ICH WERDE PAPA!

können. Geh auf diese Personen zu und frage nach, ob diese dir helfen können, es zu lernen, was auch immer es ist. Wenn du schon ältere Kinder hast, frag nach, was du besonders gut machst oder welches der von dir zubereiteten Gerichte lieber nicht mehr auf dem Speiseplan stehen sollte. Ich kann dir versichern, dass die notwendigen Fähigkeiten eines Superdaddys entweder erlernbar sind oder instinktiv richtig gemacht werden. Auch deine Hormone ändern sich nach der Geburt, sofern du die Mutter währenddessen begleitet hast und noch begleitest. Dein Testosteronspiegel sinkt etwas ab, sodass du etwas sanfter wirst und besser mit dem neuen Familienmitglied reden und agieren kannst.

Im Kapital „Zentrale Erziehungs- ‚Bausteine'" lernst du mehr über die emotionalen und kognitiven Bedürfnisse eines Kindes im Laufe seiner Entwicklung. Welche Aufgaben dir von der Evolution als Vater zugeordnet wurden, erkläre ich dir im folgenden Kapitel.

Wichtig bei all deinen Sorgen ist jedoch, dass die Hauptsache ist, dass du dich gut um deine Familie kümmerst. Deine Kinder müssen spüren, dass du sie liebst und dich für sie interessierst, deine Partnerin oder dein Partner sollten ebenfalls das Gefühl haben, dass du da bist und sie unterstützt, so gut es nur geht. Wenn sich alle sicher und geliebt in einer Familie fühlen – auch du natürlich – dann gefährden weder ein lose

MARCO FREUND

geflochtener Zopf noch die angebrannten Kartoffeln das Wohlbefinden deiner Kinder.

ICH WERDE PAPA!

Vaterschaft ist ein Beruf, der einem auferlegt wird, ohne dass man gefragt wird, ob man sich dafür eignet.

Francis De Croisset, 1877 - 1937

MARCO FREUND

WAS IST ÜBERHAUPT EIN GUTER VATER?

Du hast viel gehört, erlebt und gesehen. Du kennst dein Elternhaus und weißt, ob es gut oder schlecht war, du hast andere Familien im Lauf deines Lebens kennengelernt und hast auch darüber eine Meinung, ob die Eltern in diesen Familien gut waren oder nicht. Aber was macht einen guten Vater aus? Ein guter Vater soll da sein, anwesend sein und am Leben der Kinder teilhaben. Die Qualität der Erziehung hängt dabei nicht davon ab, ob ein Vater besonders klug oder besonders stark ist. Auch dessen berufliche Tätigkeit spielt keine Rolle. Schon ab dem Zeitpunkt, da du erfährst, dass du Vater wirst, entstehen in deinem Kopf Bilder davon, wie es zwischen dir und deinem Kind sein wird, und du wirst dich fragen, ob du allem, was auf dich zukommt, gewachsen bist. Kannst du gelassen bleiben, wenn du wochenlang keine Nacht durchschlafen kannst, wenn du Windeln wechseln musst, deren Gestank du dir noch nicht vorstellen kannst, wenn du genervt von der Arbeit kommst und nicht wie gewohnt einfach auf die Couch fallen und Fußball gucken kannst? Du wirst ein vollkommen neues Lebensgefühl entwickeln, dass dich, obwohl du Gewohnheiten und vielleicht sogar Menschen hinter dir lassen musst, reich beschenken wird. Wer sich mit einem frisch gebackenen Vater

ICH WERDE PAPA!

unterhält, wird sich wundern, wieso er nach so wenig Schlaf immer noch lächelt, wenn er davon berichtet, dass sein Kind seit Kurzem von allein auf allen Vieren stehen bleibt und bald krabbelt.

Du kannst nicht alles richtig machen, auch du hast Fehler und Schwächen, die nicht alle behoben werden können und erst recht nicht in der kurzen Zeit, die dir bis zur Geburt des Kindes bleibt. Aber du wirst dazulernen, mit jedem Tag werden dir Abläufe leichter fallen, dein Blick auf die Welt wird sich verändern und du wirst Mittel und Wege finden, dir kinderfreie Zeit zu erschleichen, deinen Nachwuchs jedem stolz zu präsentieren, mit deinen Kindern über Schlafenszeiten, Besuche in Fast-Food-Ketten und Taschengeld zu verhandeln. Du wirst selbst wieder Kind sein, rodeln, Spielzeuge entdecken und deine Angst vor Speichel, Urin und anderen Körperausscheidungen neu definieren und feststellen, dass Power-Napping die beste Erfindung des neuen Jahrtausends ist und du wirst lernen, Babynahrung zu mögen. Und recht schnell wirst du erkennen, dass dir niemand sagen kann, wie du dein Kind erziehen sollst, denn die Eltern jedes Kindes müssen bei jedem neuen Kind neue Vorgehensweisen entwickeln und umsetzen.

In Bezug auf die gesammelten Hinweise, Anweisungen und Ratschläge, die du von anderen

Personen erhalten wirst, solltest du dir immer vor Augen halten, dass die Methode oder das Produkt auch zu dir und deiner Partnerin passen sollte. Ein Kind lernt schon sehr früh, was es mag und was nicht. Das ist ein Teil der „Synchronisation" zwischen Eltern und Kindern: Wenn du Pastinaken nicht magst, dir aber zahlreiche Leute gesagt haben, Pastinake ist die ideale Ernährung für die ersten Monate, dann wird dein Kind merken, dass du Pastinake nicht magst und es auch nicht mögen. Dasselbe Prinzip konnte bei Spielzeug, Personen und zahlreichen anderen Dingen beobachtet werden. Je älter dein Kind wird, desto eher wird es auch Dinge mögen, die du nicht magst und du kannst deine Reaktionen auf manche Produkte nicht verstecken. Bei Erziehungsmethoden oder Vorgehensweisen – beispielsweise im Haushalt – ist es wichtig, dass die Eltern des Kindes damit auch einverstanden sind. Wenn du eine Methode praktizieren sollst, die nicht zu dir passt, musst du dich verstellen. Das sorgt einerseits dafür, dass du dich unwohl fühlst, andererseits bist du nicht authentisch. Dein Kind wird das merken – und nicht mögen. Wenn Kinder etwas von Natur aus mögen, dann Authentizität. Sei also so gut es geht du selbst und findet als Eltern gemeinsam einen Weg, der keinen von euch verbiegt, damit ihr gemeinsam Freude leben könnt.

ICH WERDE PAPA!

Als ich vierzehn war, war mein Vater so unwissend. Ich konnte den alten Mann kaum in meiner Nähe ertragen. Aber mit einundzwanzig war ich verblüfft, wie viel er in sieben Jahren dazugelernt hatte.

Mark Twain, 1835 - 1910

MARCO FREUND

DIE FÜNF STUFEN DER VATERSCHAFT

„Schatz, ich bin schwanger." Wie reagiert Mann bei dieser Aussage richtig? Gibt es eine richtige oder falsche Reaktion? In diesem Moment gibt es sicherlich nur unerwartete Reaktionen, die sich jedoch mit einem oder mehreren offenen Gesprächen aufklären lassen. Du solltest dich allerdings in erster Linie freuen, wenn es ein geplantes Kind war. War das Kind nicht geplant, sind alle Möglichkeiten offen und auch bei geplantem Nachwuchs wirst du verschiedene Phasen durchlaufen, bis sich deine Gefühle auf einem halbwegs stabilen Niveau befinden.

Als erste Reaktion zeigt sich meist die **Irritation**, denn ja: Du wirst Vater. Vielleicht auch „endlich Vater", nachdem du und deine Partnerin es lange Zeit vergeblich versucht haben. Auf jeden Fall wirst du mehrfach nachfragen, ob sie tatsächlich schwanger ist und es erst wirklich glauben, wenn du die ersten Ultraschallaufnahmen siehst, vielleicht kommt das Begreifen aber auch erst, wenn du dein Kind in den Armen hältst.

Anschließend folgt die **Aufregung**. Ich hoffe für dich, es ist freudige Aufregung, denn diese ist die einzige, die sich lohnt. Du bist fruchtbar und hast gemeinsam mit einem anderen Menschen neues Leben

ICH WERDE PAPA!

geschaffen. Das ist ein Wunder und sollte mit überschwänglicher Freude, Küssen, Umarmungen und Jubelschreien verbunden sein. Auch dieser Zustand wird dich immer mal wieder ereilen, besonders bei besonderen Momenten in der Schwangerschaft, beispielsweise dem ersten Bild, den ersten spürbaren Tritten im Mutterleib, wenn die Untersuchungen anstehen und vieles mehr.

Bedauerlicherweise sind Männer während und vielleicht auch noch einige Zeit nach der Schwangerschaft auch immer wieder von einer Sequenz der **Verleugnung** befallen, gelegentlich treibt es diese Phase bis zum Ablehnen der Vaterschaft. Hauptsächlich hervorgerufen wird diese Phase durch Ängste und Zweifel, die du haben darfst. Sprich mit der Mutter des Kindes darüber, auch sie wird Sorgen und Ängste haben und ihr solltet euch gegenseitig helfen, durch diese Phasen durchzukommen, damit ihr mit positiveren Gefühlen weitermachen könnt. Besonders die Ängste um die finanzielle Versorgung solltet ihr gemeinsam mit Stift und Zettel besprechen und durchrechnen. Welche Mittel euch zur Verfügung stehen, erfährst du in „Praktische Tipps für den Alltag".

Noch während du im Prozess des Begreifens verharrst, beginnt erst sehr leise und später immer lauter die Phase der **aktiven Auseinandersetzung** mit

Fragen, Sorgen, Herausforderungen und Problemen: Verdienst du genug? Was braucht das Kind alles? Was braucht die Mutter während und nach der Schwangerschaft? Wann nehme ich Urlaub? Nehme ich Urlaub? Kann ich noch mit den Jungs zum Fußball? Was ist mit meinen Bedürfnissen? Es werden viele Fragen einfach aus dem Nichts auftauchen oder dir von anderen Personen gestellt werden. Nach und nach wirst du beginnen, dich damit auseinanderzusetzen, auch, ob du ein guter Vater sein kannst und vor allem, wie du ein guter Vater sein kannst. Das Besondere an dieser Phase ist, dass sie immer wieder unterbrochen werden wird, denn du hast nun viel zu tun – vor allem wirst du dich nun, da du dich als Vater in Frage stellst, mit deinem Vater auseinandersetzen. Du kannst ihn aufsuchen, wenn euer Verhältnis gut ist, und ihn fragen, wie er all diese Dinge geregelt hat, als du auf dem Weg in diese Welt warst, vielleicht hat aber auch jemand in deinem Umfeld vor Kurzem das Gleiche durchgemacht und hat Zeit, mit dir einige deiner Fragen und Sorgen durchzugehen. In jedem Fall solltest du aber deine Gedanken mit deiner Partnerin besprechen und dir ihre anhören.

Schritt für Schritt wirst du in eine weitere Phase rutschen, vielleicht nur in manchen Bereichen, andere werden nach der Geburt folgen: **Akzeptanz**. Du wirst akzeptieren, dass du Vater wirst, du wirst akzeptieren,

ICH WERDE PAPA!

dass du nicht mehr jedes Wochenende mit den Kumpels um die Häuser ziehst, du wirst dich mit vielen Dinge anfreunden, mit anderen nicht. Während deiner gesamten Karriere als Vater werden dich immer wieder Momente überraschen, in denen du dich erneut mit Themen und vor allem mit dir kritisch auseinandersetzen und die Ergebnisse und Antworten akzeptieren musst. Diese Phase der Akzeptanz beinhaltet auch, dass du dich, solltest du das noch nicht getan haben, als Menschen annimmst. Du bist nicht perfekt, aber genau richtig, und auch der Teil von dir, der bald Vater wird, wird alle Aufgaben meistern – mal mit und mal ohne saubere Krawatte. Um ein guter Vater zu sein, ist es wichtig, dass du deine Schwächen und Stärken kennst und akzeptierst. Das „Vaterwerden" ist prädestiniert für diese Selbsterkenntnis – genieße es.

MARCO FREUND

Die strengsten Richter eines Mannes sind seine Kinder.

Thornton Wilder, 1897 - 1975

ICH WERDE PAPA!

„Wir schaffen das!" – Wenn Väter allein erziehen

Ich treffe Mark (34) heute in einem Café, das besonders kinderfreundlich und bunt gestaltet ist. Mark ist seit zwei Jahren mit seinen Kindern Emil (3) und Janina (5) allein. Die Mutter sieht die Kinder jedes zweite Wochenende. Mark gehört zu der wachsenden Zahl alleinerziehender Väter in Deutschland, je nach Quelle sind das zwischen 8 und 13 Prozent der Alleinerziehenden 2,2 Millionen. Die Zahl derjenigen Männer, die bei einer Trennung das Sorgerecht erhalten, steigt weiter an. Noch vor wenigen

Jahrzehnten war es undenkbar, dass ein alleinerziehender Vater nicht zeitgleich auch Witwer ist.

Frage: „Alleine mit zwei Kleinkindern: Wie sieht dein Alltag aus?"

Mark: „Emil ist gerade in den Kindergarten gekommen, Janina ist dort noch einige Monate. Da sieht der Tag nun entspannter aus, weil ich die zwei nicht an unterschiedlichen Orten zu unterschiedlichen Zeiten absetzen muss. Wir können also beinahe in Ruhe frühstücken, aber etwas Hektik ist ja doch immer da. Janina hilft dem Kleinen aber manchmal schon beim Anziehen, wenn er allein nicht in den Ärmel findet. Ich schaffe es mittlerweile immer pünktlich zur Arbeit und habe auch seit zwei Jahren nur einen 30-Stunden-Job. Auf dem Weg zum Hort fahre ich meist noch einkaufen. Die Kinder können dort essen und wir verbringen den Nachmittag mit Spielen und im Park, manchmal gönnen wir uns einen Ausflug in den Zoo, aber das ist eher selten. Um beiden gerecht zu werden habe ich an solchen Tagen gern andere Familien oder Bekannte dabei. Abends essen wir gemeinsam, manchmal helfen mir die beiden in ihrem Tempo beim Aufräumen, dann bringe ich beide ins Bett, es gibt eine Gute-Nacht-Geschichte und wenn ich nicht auch einschlafe, mache ich danach noch etwas den Haushalt oder gönne mir eine halbe Stunde ein Buch."

ICH WERDE PAPA!

Frage: „Findest du es gut oder schlecht, dass du alle Entscheidungen allein triffst?"
Mark: „Unterschiedlich. Manchmal hätte ich die Mutter schon gern dabei, einfach, weil Frauen für manche Dinge ein besseres Auge oder Gespür haben. Wenn ich Kleidung für Janina aussuche, schimpft sie immer: „Papa, das ist doch nichts für Mädchen!". Ich denke dabei aber eher praktisch, helle Kleidung und diese feinen Stoffe sind nicht leicht sauber zu halten. Ich habe mir angewöhnt, entweder mit einer Bekannten oder mit Janina Kleidung einkaufen zu gehen. Aber ja, manchmal wäre ein weiblicher Part schöner, ich habe auch etwas Angst vor diesen „Frauensachen" die noch auf uns zukommen. Andererseits: Keine schimpft, wenn ich zweimal in der Woche Pfannkuchen machen, die Kinder sind begeistert und aus keiner Ecke kommt Gemurre, dass die Kinder gesünderes Essen brauchen."
Frage: „Wie oft und mit welchen Vorurteilen musst du dich herumschlagen?"
Mark: „Mein näheres Umfeld hat die Trennung mit etwas Abstand miterlebt. Als dort die Runde machte, dass ich die Kinder zu mir nehme, kam oft eine hochgezogene Augenbraue oder ein respektvoller Schlag auf die Schulter. Wenn jetzt jemand Neues in unser Leben tritt und erfährt, dass ich alleinerziehend bin, kommt meist zuerst ein „Oh, das tut mir leid" mit

einem sehr mitleidvollen Blick, weil die meisten denken, dass kein Mann sich dies „antun" würde, wenn die Mutter der Kinder noch am Leben ist. Außerdem bekommt man ständig gesagt, man könne die Kinder ja zur Betreuung bei Eltern, Freunden oder Nachbarn abgeben. Gelegentlich geht das, aber alle genannten Personen haben ihr eigenes Leben und schließlich sind es meine Kinder. Gelegentlich höre ich auch so etwas wie „Die armen Kinder, ohne Mutter kann das nichts werden." Das trifft mich am meisten. Meine Kinder sind sauber, gut ernährt, gesund, hilfsbereit und höflich. Außerdem mangelt es ihnen an nichts. Sie haben kindgerechtes Spielzeug, sie wissen, dass ich Tag und Nacht für sie da bin und entgegen der landläufigen Meinung, Männer wären Eisklötze, lache ich ständig mit meinen Kindern, wir gehen auf den Spielplatz und jedes Mal, wenn die Zwei zusammen spielen und Janina Emil die Welt so einfach und richtig erklärt, habe ich Tränen in den Augen – und wenn die Mutter sie zu den Wochenenden abholt auch manchmal. Also ja, es gibt zahlreiche Vorurteile und alle sind falsch. Ich habe weder die Mutter absichtlich aus der Beziehung gejagt, um die Kinder für mich zu haben, noch bin ich ein schlechter Vater oder überfordert."

Frage: „Du sagst, du bist nicht überfordert, bist aber Tag und Nacht 24/7 für deine Kinder da. Wie passt das zusammen?"

ICH WERDE PAPA!

Mark: „Ich liebe meine Kinder. Ich bin gerne für sie da, auch, wenn das bedeutet, dass ich nicht mehr wie früher das ganze Wochenende an der Konsole oder vor dem Fernsehgerät sitzen kann. Sicher: Manchmal ist unser Leben anstrengend. Manchmal wollen die Kinder nicht zur Mutter, nicht in den Kindergarten, nicht zum Arzt, nicht aufstehen. Und manchmal streiten wir uns deswegen. Und wir vertragen uns wieder, das gehört dazu. Wenn ich einmal gestresst bin und ich vergreife mich im Ton, dann habe ich mittlerweile gelernt, meinen Kindern zu sagen „Es tut mir leid, Papa ist heute ziemlich müde, was ich gesagt hab, war doof. Bitte sei mir nicht mehr böse, ich habe dich lieb." Meine Kinder sagen dann: „Ja, Papa, das war doof, aber ich habe dich auch lieb." Manchmal entschuldigen sich sogar die Kinder, wenn sie wegen irgendetwas bockig waren. Und wir drei halten zusammen, das kann kein Schlafmangel kaputtmachen."

Frage: „Wie sieht es mit deinem Liebesleben aus? Eine neue Mutter für die Kinder in Sicht?"

Mark: „Schlechte Frage – aber niemand ist vor Vorurteilen sicher. Meine Kinder haben ja bereits eine Mutter. Und mein Liebesleben ist der einzige Teil von mir, der genug Schlaf bekommt. Falls ich jemanden kennenlerne, der nicht von zwei Wirbelwinden abgeschreckt wird, suche ich die Dame auch gewiss nicht für die Kinder, sondern für mich aus. Allerdings ist die Trennung auch noch recht frisch und ich habe weder die Zeit noch möchte ich mir diese gerade nehmen. Die Kinder haben es nicht leicht mit der Situation. Es hat Monate gedauert, bis sie verstanden haben, dass nicht sie die Schuld an der Trennung haben und dass ihre Mama nicht ihretwegen weggezogen ist. Ich möchte nun erst einmal beide in die Grundschule bekommen, bis dahin gehe ich nicht auf die Suche."

ICH WERDE PAPA!

Das Wichtigste, was ein Vater für seine Kinder tun kann, ist, ihre Mutter zu lieben.

Henry Ward Beecher, 1813 bis 1887

MARCO FREUND

Vater-Mutter-Kind. Eine Triade

Triade ist ein Begriff von Sigmund Freud und dementsprechend auf die Familienpsychologie bezogen. Die Triade beschreibt das Verhältnis zwischen drei Personen. In diesem Fall ist die Konstellation zwischen dir, deiner Partnerin und dem Neugeborenen gemeint. Wie du bereits bei den Vaterbildern gesehen hast, kann ein Ungleichgewicht zwischen den Bezugspersonen die Persönlichkeitsentwicklung des Kindes maßgeblich (negativ) beeinflussen. Daher ist es von elementarer Bedeutung, dass deine Kinder in einem Haushalt aufwachsen, in dem sich die Bezugspersonen auf

ICH WERDE PAPA!

Augenhöhe begegnen, nur dann kann eine respektvolle Haltung des Kindes gegenüber dem gleichen und anderen Geschlecht gedeihen. Wird ein Elternteil ausgegrenzt, beispielsweise durch die sehr feste Bindung zwischen Mutter und Kind (Mutter-Kind-Dyade), wird in diesem Fall der Vater sich ausgegrenzt fühlen und das Kind eine falsche Wertvorstellung vermittelt bekommen. Weiterhin wird in der Pubertät der Autonomie-Prozess extremer ausfallen, je ungleicher die Vater-Kind- und die Mutter-Kind-Beziehung sind, das bedeutet im Extremfall: Mehr Piercings, knallende Türen, rauchende Teenager und laute Musik und Streitereien.

Oft kommt es zu fehlerhaften Bindungen, wenn irgendetwas zwischen den Eltern steht, ein Elternteil sehr oft mit dem Kind allein ist, sich einsam fühlt und aus dem Kind einen Verbündeten oder persönlichen Vertrauten macht. Dabei wird einerseits das andere Elternteil in den Schatten gestellt oder gar diffamiert, andererseits das Kind dazu genötigt, einen Elternteil mehr zu lieben als den anderen. Kinder möchten ihren Eltern gefallen, geht es dem Vater schlecht, wird das Kind versuchen, diesen aufzubauen, geht es der Mutter schlecht, wird es sich um diese kümmern. Auch, wenn das Kind in einen Streit zwischen die Eltern gezogen wird, entstehen falsche Verbindungen. Je kleiner das

Kind ist, desto weniger kann es zwischen Recht und Unrecht unterscheiden. Ein Kind weiß nichts davon, was es heißt, nicht im Haushalt zu helfen und darum schuld an einem Streit zu sein, versteht nicht, dass oder warum Mama betrunken ist und Papa sie anschreit oder andersherum. Wenn ein Kind in der Pubertät ist, kann es zwar schon besser unterscheiden, wer recht hat und wer nicht, dennoch ist es schwer für das Kind, sich entscheiden zu müssen, denn es liebt beide Eltern und braucht auch beide Eltern. Oft heißt es „den Streit auf dem Rücken des Kindes austragen" und genau dieses Phänomen der Triangulierung (Fehlfunktion in der familiären Triade) ist damit gemeint. Je jünger das Kind, desto schlimmer der psychische Schaden, der dem Kind zugefügt wird.

Jedes Paar wird sich streiten, besonders in der ersten Zeit nach der Geburt, denn zu dieser Zeit ist der Stresslevel durch Schlafmangel und neue Umstände besonders hoch. Dabei solltest du beachten, dass du einerseits auf jeden Fall fair mit deiner Partnerin umgehst, denn manche gesagten Dinge kann man nicht wieder rückgängig machen oder entschuldigen, andererseits solltet ihr dafür sorgen, dass das Kind so wenig von der negativen Stimmung wie möglich abbekommt. Streitet euch im Keller, nicht im Wohn- oder Kinderzimmer. Wenn die Kinder älter sind, erklärt ihnen gemeinsam, was passiert oder passiert ist –

ICH WERDE PAPA!

kindgerecht. Beginnt in Gegenwart der Kinder nicht mit Schuldzuweisungen, diskutiert sachlich. Die einzige Person im Raum, die völlig hysterisch nach ihrem Recht brüllen darf, ist das Kind.

Wenn die Eltern sich gelegentlich in die Wolle bekommen ist das kein Problem für das Kind. Dieses streitet sich im Kindergarten oder in der Schule auch gelegentlich. Wenn es aber über längere Zeit vermehrt zu Spannungen kommt, ist das Sicherheitsbedürfnis des Kindes nicht gedeckt, denn es muss Angst haben, dass Mama oder Papa bald weggehen und es einen der beiden dann nicht mehr sehen kann. Kinder werden in Familien, in denen ein – aus Kindersicht – dauerhafter Kriegszustand herrscht, verschiedene Methoden entwickeln, um diesen Zustand zu beenden.

Der Rebell macht Krawall, Ärger in Kindergarten oder Schule, geht aggressiv gegen andere Kinder oder auch Erwachsene vor. Die Schutzstrategie in diesem Fall sieht so aus, dass die Eltern wieder näher zusammenrücken müssen, damit das Kind wieder so artig wird, wie vorher. Sicherlich ist dies bei jüngeren Kindern keine bewusste Handlung, dennoch gibt es Teenager, die von Zuhause weglaufen: Einerseits müssen ihre Eltern dann gemeinsam suchen, andererseits bricht Zuhause ohnehin gerade alles auseinander, dann kann man auch schon auf die Idee kommen, vor dem Gebäudeeinsturz zu flüchten. Wird die Situation nicht geklärt, wird das Kind später im schlimmsten Fall dauerhaft mit dem Gesetz in Konflikt geraten.

Andere Kinder werden still. Dies ist besonders in jungen Jahren sehr leicht zu erkennen, da das Kind kaum noch Fragen stellt, sich viel in sein Zimmer zurückzieht und nur einsilbig antwortet. Das Kind schließt sich sowohl in seinem Zimmer als auch in seinem Geist ein. Dabei ist die Gefahr besonders hoch, dass es auch seine Gefühle wegschließt, da es mit der immensen Wut, Trauer und Angst um Zuhause, Mama und Papa nicht umgehen kann. Diese Kinder sind für Depressionen prädestiniert, teilweise können diese schon im Kindesalter festgestellt werden.

Eine dritte Alternative ist der „kleine Erwachsene": Manche Kinder werden besonders schnell erwachsen. In Familien, in denen der Streit ein eigenes Zimmer hat, finden Kinder schnell heraus, warum gestritten wird. Geht es stets um den Haushalt, wird das Kind wie verrückt anfangen, aufzuräumen. Ist eines der Elternteile alkoholkrank, wird das Kind versuchen, die Fehltritte dieses Elternteils vor dem anderen zu verstecken, Flaschen beseitigen und besänftigend auf den wütenden Part einreden. Es versucht zu vermitteln, tröstet, schlichtet, macht und tut alles, damit das Zuhause und die Eltern zusammenbleiben und bitte

ICH WERDE PAPA!

nicht mehr streiten. Dadurch kann es unmöglich sein Aufgabenpensum erfüllen, in der Schule seine Leistung erbringen oder sich selbst entwickeln und seine Grenzen kennenlernen – zumindest nicht dauerhaft. Die Eltern eines solchen Kindes erziehen einen Burn-Out-Patienten, der stets versucht, jedem alles Recht zu machen, um Harmonie und/oder Anerkennung zu erhalten.

Daher ist es angeraten, wenn du streiten musst, fair und sachlich zu streiten und dein Kind aus euren Beziehungsproblemen so gut es geht herauszuhalten, ihm aber dennoch das Notwendige kindgerecht zu erklären. Dabei solltet ihr als Eltern dem Kind stets deutlich zeigen, dass

a) ein Streit euch nicht auseinanderbringt (wenn es denn wirklich so ist).

b) das Kind keine Schuld an der Situation trifft.

c) keiner von euch beiden das Kind verlassen wird.

Vorbildlich streiten will jedoch gelernt sein. Wenn ihr es nicht allein schafft, scheut euch nicht, einen Therapeuten aufzusuchen – oder eine Putzfrau zu engagieren, damit der Haushalt als Streitpunkt wegfällt.

MARCO FREUND

Seit ich selbst Vater geworden bin, werde ich das Gefühl nicht los, dass es den meisten Erwachsenen, um in die Erfahrungswelt von Kindern einzudringen, an Weisheit und Reife mangelt.

Konstantin Wecker, geboren 1947

ICH WERDE PAPA!

Wenn Männer zu Vätern und Frauen zu Müttern werden

Sobald das Kind auf dem Weg ist, wird sich eure Beziehung zueinander verändern. Ihr hattet Zukunftspläne, Urlaubspläne, Karrierepläne, diverse Wünsche, Ideen, Interessen und vor allem wart ihr nur zu zweit. Nun werdet ihr bald einen neuen Bestimmer in eurem Leben haben und ihr werdet an dieser Aufgabe und in diese Aufgabe hineinwachsen.

Sobald sich der erste Trubel nach der Erkenntnis „Wir sind schwanger" gelegt hat und ihr beide in die Phase der aktiven Auseinandersetzung gelangt, ist es wichtig, dass ihr euch über einige Dinge ausführlich unterhaltet. Neben der Planung diverser Ereignisse wie Kinderzimmergestaltung und Geburtsvorbereitungskurs, solltet ihr euch darauf einigen, wer wann arbeiten geht, Elternurlaub oder Elternzeit nimmt und welche Wünsche ihr jeweils noch habt oder was an den Plänen geändert werden muss.

Redet dabei offen miteinander, seid ihr euch bei etwas nicht einig, geht Kompromisse ein oder verschiebt das Thema auf einen späteren Zeitpunkt, wenn sich weitere Fakten ergeben haben.

Beide Elternteile werden sich während der Schwangerschaft ausgiebig mit ihren eigenen Elternhäusern beschäftigen, das ist notwendig und richtig, um sich darüber klar zu werden, wer man für seine Kinder sein möchte oder auch nicht. Dabei gibt es verschiedene Erziehungsstile und Erziehungsmethoden, über die sich Paare, die bereits seit Langem eine Schwangerschaft ersehnen, meist bereits unterhalten haben, andere vielleicht nicht:

Es gibt unterschiedliche Elterntypen, Erziehungsstile und -methoden. Dabei trifft man auf Begrifflichkeiten wie

Antiautoritär – autoritär – bestimmend – negierend – demokratisch - autokratisch (Erziehungsstile)

Helikoptereltern – Rabeneltern – Befehlsgeber – Glucken – Pädagogen – Super-Eltern (Elterntypen)

ICH WERDE PAPA!

Bestechung – Inkonsequenz – Konsequenz – Diskussion (Erziehungsmethode).

Die meisten dieser Stichworte erklären sich von selbst, einige hast du schon gehört, andere vielleicht nicht. Wenn du nun auf eine Erklärung aller Methoden und Stile hoffst, wirst du leider enttäuscht, denn all diese Kategorien sind für sich in Stein gemeißelt, und du musst für dich selbst herausfinden, wann welches Vorgehen für dich und deine Familie am besten ist. Jeder Mensch ist von seinen Erfahrungen geprägt und legt daher auf manche Aspekte mehr wert als auf andere. Nur selten findet man heute noch reine Elterntypen, die ihrem Kind jede Entscheidung abnehmen (beispielsweise die Kombination „autoritär, Konsequenz, Befehlsgeber"), jede Entscheidung dem Kind überlassen (antiautoritär, kombinierbar mit zahlreichen Methoden und Typen), oder jede Entscheidung mit ihrem Kind besprechen (zum Beispiel „demokratisch, Pädagogen, Diskussion").

Dennoch sollten du und deine Partnerin sich schon vor der Geburt über einigen Entscheidungen der Erziehung zusammensetzen und dies in regelmäßigen Abständen nach der Geburt immer wieder tun, denn ein wichtiger Punkt in der Erziehung ist Sicherheit. Die könnt ihr dem Kind nur vermitteln, wenn ihr selbst wisst, was ihr da tut und wenn ihr euch einig seid. Sollte das Kind irgendwann feststellen, dass Mama bei bestimmten Dingen Nein sagt, Papa aber Ja, habt ihr ein Konsequenz-Problem und das Kind wird erst verwirrt sein und die Situation später ausnutzen. Als Hilfestellung könnt ihr euch die Liste der Erziehungsbausteine nehmen und euch dazu überlegen, wie ihr diese umsetzen wollt. Später solltet ihr – auch im Fall einer Trennung – so gut es geht, die Kommunikation über Entscheidungen und Vorgehensweisen aufrechterhalten.

Auch ist jetzt während der Schwangerschaft der richtige Zeitpunkt, sich daran zu gewöhnen, offen über Bedürfnisse, Ängste und Wünsche zu sprechen, denn nur so könnt ihr Missverständnisse und unnötige Streitereien vermeiden, die euch später in die Erziehung pfuschen. Ihr seid für euer Kind der Mittelpunkt der Welt und der Maßstab, an dem es sich entwickeln wird, daher ist jetzt der richtige Zeitpunkt, um mit sich ins Reine zu kommen, so gut es geht. Macht euch feste Pläne, wer wofür zuständig ist, werdet euch über die Grundlagen der Erziehung einig und macht auch gerne einen Plan, wann Familienzeit ist, wann einer allein losziehen darf und wann ihr Zeit füreinander als Paar und füreinander als Eltern haben möchtet. Das klingt sehr danach, als müsstet ihr jetzt beide ganz schnell erwachsen werden: Müsst ihr nicht, aber einigt euch bei den wichtigsten Themen und

ICH WERDE PAPA!

sprecht stets offen miteinander. Wenn das Kind erst einmal auf der Welt ist, werdet ihr beide beim Spielen mit dem neuen Familienmitglied wieder selbst Kind werden dürfen.

MARCO FREUND

Der ständige Kontakt zwischen Eltern und Kindern ist nicht weniger gefährlich als der zwischen Ehegatten.

Honoré De Balzac, 1799 -1850

ICH WERDE PAPA!

DAS PAAR ALS BASIS FÜRS ELTERNSEIN

Du weißt es schon: Dein Leben wird sich ändern. Deine Beziehung wird sich auch ändern, dies beginnt ab dem Zeitpunkt, da das Kind unterwegs ist. Noch während der Schwangerschaft habt ihr die Möglichkeit, fester zusammenzuwachsen, um den Stress, der trotz allem Wundervollen, was euch erwartet, auf euch zukommt, zu überstehen. Falls du einen Geburtsvorbereitungskurs für Unfug hältst, weil du schon atmen kannst, geh trotzdem hin. Du wirst fasziniert sein, wie dankbar deine bessere Hälfte dafür ist und welche Informationen du doch nützlich finden wirst. Außerdem lernt ihr dort auch andere Paare kennen, mit denen ihr euch austauschen und vielleicht neue Freundschaften schließen könnt.

Du wirst während der kommenden Monate diverse Veränderung an ihr bemerken – aber auch an dir. Deine Hormone werden sich auf den Beschützermodus einstellen, deine Augen werden ständig von den äußeren Änderungen deiner Geliebten angezogen werden, sie wird müde und geschwächt sein, sich mit Übelkeit rumplagen und sich über die Rückenschmerzen ärgern und du wirst womöglich denken, es wäre deine Schuld, immerhin ist es ja dein Kind, was da wächst. „Schuld" bist du nicht, das sind normale Vorgänge während einer Schwangerschaft, durch welche die Mutter von ihrem Körper zur Ruhe gezwungen wird, immerhin behütet sie ein werdendes Leben und das ist anstrengend. Während Sie mit diversen hormonellen Veränderungen beschäftigt ist, setzt der Nestbautrieb ein: Ein Kinderzimmer muss hergerichtet werden und du wirst ihr helfen, sie sollte sich immerhin ausruhen. Überhaupt habt ihr jetzt noch die Zeit, als Paar näher zusammenzurücken und die gemeinsame Zeit zu zweit zu genießen. Vielleicht gelingt euch, solange sie in ihrer Bewegungsfähigkeit nicht zu sehr eingeschränkt ist, noch ein gemeinsamer Urlaub. Weiterhin sind die meisten Frauen dankbar, wenn ihr Partner sie zu Arztterminen begleitet und bei dem Papierkram hilft. Dir helfen Arztbesuche, das Bevorstehende besser zu akzeptieren, zu verstehen, was in dem Körper deiner Partnerin Spannendes passiert, und vielleicht bekommst du auch Tipps, was ihr guttut und worauf ihr achten solltet. Einige Tipps für die Zeit während der Schwangerschaft:

➢ Besuche mit ihr einen Baby-Erste-Hilfe-Kurs, es könnte Leben retten.

➢ Informiere dich auch abseits von den Arztbesuchen, wie der Schwangerschaftsstand ist.

➢ Unterstütze sie, so gut du kannst.

ICH WERDE PAPA!

- Sprich mit ihr über deine und ihre Sorgen und Ängste, aber auch Hoffnungen.
- Erzähl ihr von deinem Kopfkino: Wie ist es, wenn du dein Kind das erste Mal laufen sehen wirst?
- Bringe dich in den Alltag ein.
- Informiere dich bei deinem Arbeitgeber darüber, wie sich dein Gehalt ändern wird, wenn du Vater bist.
- Wenn euch finanzielle Sorgen beschäftigen, arbeite mit ihr eine Finanzliste aus, die alle notwendigen Ausgaben inklusive Kind und alle möglichen Einnahmen von Elterngeld über Kindergeld bis Wohngeld beinhaltet.
- Einigt euch darauf, wie der Elternurlaub und die Elternzeit aufgeteilt werden sollen.
- Sei mit einer Babyparty einverstanden und hilf bei der Organisation, wenn sie das möchte.
- Verabrede dich einmal öfter mit deinen Jungs, aber sprich die Termine mit ihr ab, nicht, dass du sonst einen wichtigen Termin verpasst.
- Sei etwas nachsichtig mit ihr, immerhin spielen ihre Hormone gerade verrückt.
- Bitte sie um Nachsicht mit dir, auch du hast es nicht leicht. Erkläre ihr, warum das so ist.
- Überlege dir, ob du bei der Geburt dabei sein möchtest oder nicht. Besprich auch dies mit deiner Partnerin.

➢ Sucht gemeinsam einen Namen aus oder einigt euch auf einen Doppelnamen ohne Bindestrich. Frauen suchen die Namen meist emotional aus und bereuen ihre Wahl später.

➢ Apps wie „ELTERN-Schwangerschaft und Baby" oder „Schwangerschaft +" helfen dir, die Schwangerschaft wissenschaftlich zu verfolgen. Die App „Baby Tracker" kann dir nach der Geburt helfen, den Rhythmus deines Babys aufzuzeichnen und so zum Beispiel schneller ärztliche Fragen zu beantworten.

Warum ist das alles wichtig? Du und deine Partnerin steht vor einer großen Aufgabe, die ihr am besten gemeinsam bewältigt. Erst seit wenigen Jahrzehnten beginnen Männer zu verstehen, dass die Schwangerschaft nicht allein die Frauen beeinflusst. Je mehr ihr miteinander redet und gemeinsam Probleme löst, neue Ideen entwickelt und verwirklicht, desto besser lebt ihr als Eltern zusammen und desto leichter wird es euch fallen, eure Beziehung nach der Geburt am Leben zu erhalten. Viele werdende Eltern schaffen den Sprung nicht von dem „Wir als Paar" zu dem „Wir als Eltern" und eine Schwangerschaft ist die ideale Zeit, diesen Sprung zu üben und auszutarieren, wohin eure gemeinsame Reise mit dem neuen Bündel gehen soll. Um dich als Vater zu finden und damit sie sich als Mutter finden kann, ist es hilfreich, wenn ihr euch dabei gegenseitig unterstützt.

ICH WERDE PAPA!

MARCO FREUND

Wer Kinder erzieht, mich einbezogen, wächst selbst ein bisschen dabei.

Madonna, geboren 1958

ICH WERDE PAPA!

„WIR ERFINDEN UNS GEMEINSAM NEU"

Nach der Geburt wirst du feststellen, dass deine Welt neue, strahlende Farben, hellere, lautere Töne und mehr Lachen, aber auch mehr Tränen, Unsicherheit und Sorge hat. Die Gedanken, die du dir während der Schwangerschaft gemacht hast, keimen vielleicht wieder auf und Tag für Tag wirst du dich mit neuen Aufgaben konfrontiert sehen. Wie sehr du dir auch vorgenommen hast, nachts aufzustehen, wenn dein Kind aufwacht, du wirst es gelegentlich verschlafen – Frauen haben so etwas wie ein eingebautes Baby-Radar und sind durch die Schwangerschaft enger mit dem Kind verbunden. Auch beginnt jetzt die Zeit, in der du höchstwahrscheinlich weiterhin zur Arbeit gehst und die Mutter mit dem Kind allein Zuhause bleibt. Es wird einige Zeit brauchen, bis ihr euch auf die neue Situation eingestellt habt, aber jetzt kannst du endlich zeigen, wie toll du als Vater bist – denn echte Männer können Windeln wechseln, Babys massieren, den Haushalt mit in Schuss bringen, Mama zuhören, Geschichten erzählen und selbst über ihre Gedanken sprechen. Dein Kind wird im ersten Lebensjahr hauptsächlich damit beschäftigt sein, seine Sinne auszuprägen, zu brabbeln und dich und deine Partnerin auf Trab zu halten. Auch, wenn es euch die ersten Wochen vielleicht kaum unterscheiden kann und nicht krabbelt: Es bekommt alles mit und jede eurer Handlungen wirkt sich irgendwie auf das Kind aus. Besonders Stimmungen kann es gut aufnehmen und imitiert diese: Wenn du laut wirst, wird es auch laut, wenn du weinst, wird es traurig und so weiter.

Streitet also konstruktiv und brüllt nicht eure gesammelte Frustration heraus. Sprecht Probleme offen an, erkennt gegenseitig die Aufgaben des anderen an, erledigt eure, auf die ihr euch geeinigt habt und lasst regelmäßig liebe Worte fallen. „Bitte" und „Danke" zeigen deiner Partnerin, dass du sie und ihre Aufgaben nicht als selbstverständlich betrachtest, andersherum gilt das Gleiche. Geht respektvoll miteinander um und erzählt euch gegenseitig, was ihr den ganzen Tag erlebt habt, und verbringt so viel Zeit wie möglich miteinander und mit dem Wonneproppen.

Dieser kleine Mensch wird dir vorübergehend den Rang ablaufen, du bist jetzt zwar weiterhin wichtig, aber gekuschelt wird eher mit dem Kind, beim Stillen besonders. Wenn dich die Eifersucht beißt, stecke das weg wie ein Mann. Hilf deiner Partnerin mit dem Kind, so viel du kannst, spiele mit dem Kind, kuschle selbst auch mit ihm, die Nähe zu Papa weckt das Urvertrauen und ist eine gute Grundlage für eine spätere, enge Bindung zwischen euch. Auch habt ihr jetzt, da Sex vermutlich wegen der Geburtsfolgen nicht in Frage

ICH WERDE PAPA!

kommt, Zeit, Neues auszuprobieren oder die alten „Kennenlernpraktiken" wiederzuentdecken: Händchen halten, hier und da mal eine Berührung, ein Kuss, wenn ihr das Baby dem anderen übergebt, Streicheleinheiten für deine Partnerin beim Stillen und gegenseitige Massagen, wenn das Kleine schläft.

Nehmt euch immer mal einige Minuten Zeit, über euch zu sprechen, wie es euch geht, was euch bewegt und was ihr mit dem Kind erlebt habt, aber auch, was abseits eurer Trias geschieht, um etwas Abstand zu gewinnen und so zueinanderzufinden. Wenn ihr täglich miteinander sprecht und zuhört, stärkt das eure Bindung und verhindert, dass sich Probleme aufstauen. Außerdem wird euer Kind mitbekommen, dass ihr aufeinander eingeht und dies im Unterbewusstsein als Pluspunkt bei Sicherheit und Harmonie verbuchen. Vielleicht wird gemeinsame Mama-Papa-Zeit eines der Rituale in eurer Familie, so wie tägliches, gemeinsames Kuscheln auf der Couch mit dem Kind.

Wenn ihr stets miteinander im Gespräch bleibt und auch du dich möglichst viel mit dem Kind beschäftigst, werdet ihr recht schnell herausfinden, wer von euch beiden welche Aufgabe übernimmt. Wichtig ist dabei, dass sich keiner von euch benachteiligt fühlt, denn das verlagert das Gleichgewicht in eurer Beziehung und führt zu Spannungen, die euch und dem Kind nicht guttun. Besser jetzt als sonst könnt ihr eure Grenzen ausloten und euch selbst und gegenseitig genau kennenlernen.

ICH WERDE PAPA!

Die Kunst der Eltern besteht darin, zu schlafen, wenn das Baby nicht hinsieht.

Unbekannt

MARCO FREUND

SEXUALITÄT

Sex hat dich hierhergebracht und eine berechtigte Sorge ist, wie es nun mit eurem Sexualleben weitergeht, nachdem feststeht, dass ein Kind unterwegs ist. Fakt ist: Sex während einer Schwangerschaft ist durch drei Punkte ausgeschlossen:
1. Sie will nicht.
2. Der Arzt hat es verboten, weil es das Kind gefährdet.
3. Du willst nicht.

Solange der begleitende Arzt kein Verbot ausspricht, könnt ihr eure Sexualität wie gewohnt weiter ausleben. Im ersten Trimester gilt dies als schwierig, weil ihre Hormone verrückt spielen und viele Schwangere von Übelkeit geplagt werden. Im zweiten Trimester – ab dem 4. Monat – wird dies allerdings weniger und der Bauch wird stetig größer, spätestens im letzten Trimester wird es aufgrund des Bauchumfanges schwierig, eine angenehme Position für Schlaf und Beischlaf zu finden.

Solltest du Bedenken haben, während der Schwangerschaft mit ihr zu schlafen, sprich mit ihr darüber. Wenn du plötzlich keine Anstalten diesbezüglich mehr machst, könnte sie sich darin bestätigt fühlen, unattraktiv zu sein, dann viele Frauen finden sich besonders mit dem dicken Bauch und den möglicherweise geschwollenen Füßen eher unsexy. Sag

ICH WERDE PAPA!

ihr also offen, warum du das Interesse gerade nicht hast, damit sie dir sagen kann, dass du dem Kind nicht schadest und ihr nicht wehtust.

Nach der Geburt gilt: Ein paar Wochen werdet ihr ohne auskommen, bis alles verheilt ist, danach kann es eine Zeit lang ungewohnt werden, aber nach wenigen Monaten ist alles wieder so, wie es sein soll. Ihr habt dann nur leider keine Zeit und beide keine Lust mehr.

Eine der wichtigsten, ungeschrieben Regeln bei Neugeborenen und Kleinkindern: Du wirst dein Kind wesentlich öfter als deine Partnerin nackt sehen, vielleicht sogar öfter als dich selbst.

Um wieder in das Sexualleben zurückzukehren, solltet ihr gemeinsam ungezwungene Termine vereinbaren. Dazu könnt ihr das Kind zu euren Eltern bringen oder einen Babysitter engagieren. Wichtig ist, dass ihr euch nicht gezwungen fühlen dürft, nun, weil sonst wieder wochenlang kein Termin frei ist, miteinander zu schlafen. Verbringt einen gemütlichen Abend miteinander, redet nicht über Haushalt und die Kinder, sondern über andere Dinge und lasst alles auf euch zukommen. In den ersten Lebensjahren eines Kindes werdet ihr diverse orgiastische Erlebnisse haben: Wenn das Kind die erste Nacht durchschläft oder wenn das Zahnen vorbei ist.

MARCO FREUND

Mein Vater ist ein großes Kind, das ich bekommen habe, als ich noch ganz klein war.

Alexandre Dumas der Jüngere, 1824 - 1895

ICH WERDE PAPA!

Ich als Vater

Dieses Thema wird hauptsächlich das „Ich als Kind" beinhalten, denn so wie deine Eltern dich geprägt haben, sind die bisher erwähnten Sorgen, Ängste, Fragen, Hoffnungen und Erwartungen entstanden. Mehr als je zuvor wirst du dich damit auseinandersetzen – freiwillig – wie dein Vater war, was er gut gemacht hat, was du in schlechter Erinnerung behalten hast. In den meisten Fällen, in den Väter geplant Kinder zeugen, liegt eine gute Kindheit zugrunde. Denn wenn man sich positiv an seine eigene Kindheit erinnert, hat man weniger Angst, so wie die eigenen Eltern zu sein und das Kind zu verletzten. Dennoch hat vielleicht auch deine Kindheit Schatten- und auf jeden Fall Sonnenseiten, die dir nach der

Mitteilung „Du wirst Papa" wieder verstärkt in Erinnerung treten. Die Erinnerungen an deine Mutter werden dabei eine Rolle spielen, inwieweit du deine Partnerin als gute Mutter empfindest. Hat deine Mutter stets das Essen pünktlich auf dem Tisch gehabt und deiner Partnerin gelingt das nicht, könnte das ein Streitpunkt werden – in jedem Fall vergleichen wir aber von Natur aus das, was wir sehen und erleben mit bereits Bekanntem. Dieser und diverse andere Punkte stehen nun für deine Selbstreflexion auf der Agenda.

Du wirst jetzt mehr denn je beginnen zu verstehen, warum deine Eltern waren, wie sie waren, denn nun beginnst du, ihre Sicht der Dinge zu teilen. Wenn du dich noch nicht eingehende damit beschäftigt hast, was dich in deiner Kindheit bewusst oder unbewusst geprägt hat, dann kannst du damit anfangen, dir Situationen ins Gedächtnis zu rufen, in denen du starke, negative Gefühle hattest, etwa Streitsituationen mit deiner Partnerin oder besonders stressige Momente in deinem Beruf. Ziel dieser Überlegungen ist es, herauszufinden, welche Aussage sich in deiner Kindheit in deinem Unterbewusstsein verankert hat, denn nur wer die Wurzel seines Handelns kennt, kann den dahinterstehenden Glaubenssatz anpassen.

Vielleicht gibt es einen Kollegen oder Nachbarn, der dich immer aufs Neue mit ein und derselben Handlung auf die Palme bringt? Oder hast du in Diskussionen oder

ICH WERDE PAPA!

bei Entscheidungen oft das Gefühl, deine Partnerin würde dich nicht ernst nehmen? Vielleicht bist du aber auch nach den letzten Kapiteln ratlos, weil du nie offen über deine Gefühle sprichst. Hinter jeder deiner Aktionen und auch Reaktionen stecken Werte, Ideale und Glaubenssätze, die in deiner Kindheit hauptsächlich durch dein Elternhaus, aber auch durch deine Umgebung gepflanzt wurden. Wenn du den Film „Inception" kennst, hast du in etwa eine Vorstellung, wie das menschliche Gehirn auf Glaubenssätze reagiert.

Haben deine Eltern dir beispielsweise nie erlaubt, Dinge selbst auszuprobieren, wirst du auch jetzt noch das Gefühl haben, mit eigenen Entscheidungen maßlos überfordert zu sein und diese daher aufschieben oder abgeben. Hast du früh einen Verlust erlitten oder eines deiner Elternteile hat sich deinem Empfinden nach nicht um dich gekümmert, kann dein Urvertrauen unterentwickelt sein. Als Folge fällt es dir schwer, heute anderen Menschen zu vertrauen, und du erledigst viele Aufgaben lieber selbst, als Verantwortung abzugeben. Vielleicht haben deine Eltern sich viel gestritten oder ihr hattet eine patriarchalische Familienordnung, in der stets dein Vater der dominierende und maßgebende Part gewesen ist, sodass du vielleicht vermittelt bekommen hast, dass Frauen nur für den Haushalt gut sind und alles andere, besonders die Erziehung eines

Sohnes zu einem echten Mann, dir als dem Vater obliegt. Oder streiten du und deine Partnerin euch eigentlich nie richtig, dafür wirft sie dir aber gelegentlich vor, nicht Stellung zu beziehen? Vielleicht haben deine Eltern Kritik immer von dir ferngehalten, sodass du gelernt hast, dass Kritik immer zu vermeiden ist, also auch deine Kritik an deiner Partnerin und du fühlst dich genötigt, ihr immer zuzustimmen, damit sie nicht wegläuft.

Diese und zahlreiche andere Beispiele zeigen, dass die . Kindheit den Erwachsenen auf einer Bewusstseinsebene prägt, die auf eine sehr einfache Weise funktioniert und auf sehr komplexe Weise unser Handeln steuert, denn verschiedene, fest verankerte Glaubenssätze wirken sich in den unterschiedlichsten Situationen aus und wir können meist keinen Zusammenhang darin erkennen, warum wir wütend sind, wenn der Chef das neue Projekt einem anderen Mitarbeiter und nicht uns gibt und wir enttäuscht sind, wenn sich jemand in unseren Augen nicht ausreichend über ein Geschenk freut, welches wir ihm gemacht haben. Beiden Situationen liegen unterbewusste Wahrnehmungen zugrunde, die daraus resultieren, dass wir in unserer Kindheit nicht genug wertgeschätzt wurden.

Um diese „Fehlprogrammierungen" zu erkennen und zu ändern ist einiges an Arbeit notwendig. Zum

ICH WERDE PAPA!

Glück ist nicht jeder von uns mit einem so düsteren Programm ausgestattet. Viele Menschen hatten ein gutes, liebevolles Zuhause. Dennoch wird dir in deiner aktuellen Situation der eine oder andere Punkt einfallen, den du deinem eigenen Kind nicht zeigen oder vererben möchtest. Mit sehr hoher Wahrscheinlichkeit wird dieser unangenehme Teil von dir ebenfalls aus deinem Unterbewusstsein kommen.

Grundsätzlich gilt also: Deine Erwartung an dich als Vater sind hauptsächlich durch deinen Vater geprägt. Dabei ist es sehr wahrscheinlich, dass du eher seine positiven als seine negativen Eigenschaften adaptiert hast. Deine Erwartung an deine Partnerin orientiert sich an deiner Wahrnehmung deiner Mutter. Ebenso haben die Eltern deiner Partnerin ihre Erwartungen dir und sich selbst gegenüber geprägt. Weitere Ideale stammen aus der Gesellschaft und eurem engeren Umfeld: Haben eure Geschwister oder Freunde bereits Kinder, findet eine Orientierung an diesen Beispielen statt, denn dort habt ihr eure eigene Generation zum Vergleich. Auch hier ist ein Austausch unter euch werdenden Eltern unabdingbar, um eine stabile Elternbeziehung zu führen, die dem Kind Sicherheit und eine gute Grundlage zur Entwicklung bieten.

MARCO FREUND

Nun kommt im Leben eines jedweden unverweigerlich die Zeit, da er im Bild seines Wesens dem eigenen Vater wiederbegegnet.

Stefan Zweig, 1881 - 1942

ICH WERDE PAPA!

MEIN „INNERES KIND"

Man nennt es das „innere Kind", weil unser Unterbewusstsein im Kindesalter geprägt wird und dort ab irgendeinem Zeitpunkt stehen bleibt, sich aber an der Steuerung unserer Handlungen im Erwachsenenalter maßgeblich beteiligt. Hat es dir in deiner Kindheit an irgendetwas gemangelt, wirst du bei dem Prozess des Erwachsenwerdens immer aufs Neue versucht haben, diesen Mangel auszugleichen. Ein profanes Beispiel: Du wolltest unbedingt alle Panini-Fußball-Sticker-Alben haben und gut gefüllt wissen, deine Eltern haben dir aber stets untersagt, diese Leidenschaft auszuleben. So wirst du im Erwachsenenalter eine Methode zur Kompensation gefunden haben. Vielleicht hast du dir stattdessen von deinem ersten, eigenen Geld eine Konsole und sämtliche verfügbare Fußballspiele gekauft? Oder du wolltest immer nach Disney-World, aber deine Familie hatte nie genug Geld und seit du gehört hast, dass du Vater wirst, planst du bereits die erste Reise mit dem Kind und freust dich wie verrückt, eine Ausrede zu haben, nach Disney World „zu müssen", da kein Kind ohne diese Erfahrung aufwachsen sollte? Da spricht dein inneres Kind.

Unser Unterbewusstsein zwingt uns dazu, Dinge zu kompensieren, die wir in der Kindheit entbehren mussten, schafft es auf der anderen Seite aber auch, Situationen besonders gut zu meistern oder Angelegenheit zu regeln, bei denen anderen Menschen uns stets bewundernd auf die Schulter klopfen. Es könnte beispielsweise sein, dass du überhaupt keine Sorge hast, die Bewegungsabläufe mit deinem Kind auf irgendeine Art nicht zu können, weil du kleine Geschwister hattest, die du mitversorgt hast. Das ist eine Erfahrung, die dir nun zugutekommt. Vielleicht haben deine Eltern auch stets offen mit dir gesprochen und dir Probleme altersentsprechend erklärt, sodass du ein offener Mensch bist, der mit Kritik gut umgehen kann. Für deine Selbstfindung in deine neue Aufgabe als Vater ist es jedoch wichtig, dass du erkennst, woher deine eventuellen Defizite stammen, damit du dich damit auseinandersetzen und die Missstände vielleicht sogar beheben kannst, denn manche negativen Grundsätze können dich so stark beeinflussen, dass du dir bei der Erziehung deiner Kinder selbst im Weg stehst.

Bei dem Weg, welchen du beschreitest, wenn du dich mit deinem inneren Kind auseinandersetzt, ist es wichtig, dass du in dich hineinhörst, warum du in welcher Situation auf eine bestimmte Weise reagierst. Manchmal äußern sich Gefühle anders, als sie es tun sollten. So reagieren Kinder gelegentlich mit Wut, obwohl sie enttäuscht sind. Das innere Kind ist in

ICH WERDE PAPA!

diesem Verhalten nicht anders. Spüre daher bei heftigen emotionalen Reaktionen genau nach, ob das Gefühl, dass du nach außen trägst, auch deinem inneren Empfinden entspricht, denn so findest du einen Weg, mit deinem inneren Kind zu kommunizieren. Wenn dein inneres Kind ein negatives Gefühl hat, wird es einen Schutzmechanismus in Gang setzen, der sich in verschiedenen Formen äußern kann. Es kann mit Angriff, Rückzug, Harmoniebedürfnis, Perfektionismus oder Machtbedürfnis reagieren. Es folgen einige schlicht gehaltene Beispiele, um die Zusammenhänge zu verdeutlichen:

➢ Angriff: Deine Partnerin sagt, sie fühlt sich überfordert. Dein inneres Kind versteht: „Du hilfst mir nicht genug". Deine Reaktion: Du wirst wütend und sagst ihr, dass du schon mehr tust, als du kannst, weil dein inneres Kind leider gelernt hat, dass es stets für das Wohlbefinden aller anderen zuständig ist.

➢ Rückzug: Einer deiner Freunde sagt, du wärest noch nicht bereit, Vater zu werden. Dein inneres Kind versteht „Du bist nicht gut genug". Deine Reaktion: Du meldest dich nicht mehr bei diesem Freund, da dein inneres Kind keine weiteren Verletzungen dieser Art zulassen möchte.

➢ Harmoniebedürfnis: Deine Partnerin hat es nicht geschafft, dein Lieblingshemd zu bügeln, obwohl sie weiß, dass du dieses unbedingt zur morgigen Firmenfeier anziehen möchtest. Dein inneres Kind sieht ein: Meine Wünsche sind nicht wichtig genug. Deine Reaktion: Obwohl du den ganzen Tag gearbeitet hast und jetzt ziemlich erschöpft bist, stellst du dich an das Bügelbrett und bügelst dein Lieblingshemd, obwohl du das nicht kannst, alternativ ziehst du vielleicht auch ein anderes Hemd an und fühlst dich lieber unwohl auf der Feier, denn dein inneres Kind ist konfliktscheu und passt sich lieber an oder ordnet sich unter, als nachzufragen, ob die Partnerin es noch schafft oder dir dabei hilft.

➤ Perfektionismus: Dein Vorgesetzter teilt dir mit, dass dir neulich bei einer Bearbeitung ein Fehler unterlaufen ist, vielleicht hast du eine Gutschrift für einen Kunden in falscher Höhe berechnet oder etwas in der Art. Dein inneres Kind wird jetzt dafür sorgen, dass so etwas bestimmt nie wieder geschieht, in dem es dich alles mehrfach prüfen lässt, Überstunden macht oder gar ein schlechtes Gewissen hat. Perfektionisten können sich aufgrund der Erfahrung, dass sie nur geliebt und akzeptiert werden, wenn sie alles richtig machen, nicht von kleinen Fehlern abgrenzen.

➤ Machtbedürfnis: Dein Freund hilft dir beim Kinderzimmeraufbau. Er weist dich darauf hin, dass du das Bettchen gerade seitenverkehrt zusammenbaust. Dein inneres Kind hat gelernt, dass es sich durchsetzen

ICH WERDE PAPA!

muss, damit man es akzeptiert, also baust du konsequent weiter zusammen, auch wenn das bedeutet, dass du ein neues Bettchen kaufen musst.

Es gibt zahlreiche weitere Selbstschutzstrategien, die sich in unterschiedlicher Manier zeigen. Sie haben jedoch stets damit zu tun, dass du, solltest du diese anwenden, einen negativen Glaubenssatz in dir verankert hast. Diese Glaubenssätze können unter anderem sein:

➢ Ich darf nicht widersprechen.
➢ Ich bin ungenügend.
➢ Ich bin nicht liebenswert.
➢ Ich muss mich anpassen.
➢ Ich kann das nicht.
➢ Ich bin nicht schön/klug/begabt.
➢ Ich verdiene keine Aufmerksamkeit/Zuneigung.

Falls du diese Glaubenssätze wiedererkennst oder dir andere einfallen, dann kannst du die schlechten Seiten deines inneren Kindes beheben, indem du dich mit diesem Kind in Verbindung setzt und ihm kindgerecht und rational erklärst, dass ihr zwei jetzt erwachsen und sicher seid und es nicht mehr notwendig ist, so zu reagieren. Diese Übung erfordert eine bewusste Auseinandersetzung mit der eigenen Psyche und sollte in regelmäßigen Abständen wiederholt werden.

Um nicht gänzlich in den negativen Aspekten zu versinken: Dein inneres Kind bringt auch Vorteile mit sich. Die Schutzstrategien haben dich stets beschützt, auch das gehört zur Selbstannahme dazu. Kritisiere dich nicht dafür, wenn du Schutzmechanismen anwendest, wir alle tun das jeden Tag und blenden beispielsweise das Elend der Welt aus, um mit unserem Leben weitermachen zu können. Akzeptiere deine guten und schlechten Seiten. Deine Glaubenssätze lassen sich mit etwas Zuwendung auch ins Positive verkehren:

> ➤ **Ich darf eine eigene Meinung haben und äußern.** Dies hilft mir, meiner Partnerin und vor allem meinem Kind.

> ➤ **Ich genüge.** Wenn du weißt, was du kannst und wo du als Vater stehst, kannst du deinem Kind mehr Sicherheit geben und es wird dir mehr Vertrauen, als wenn du stets an dir zweifelst.

> ➤ **Ich werde geliebt.** Dein Kind liebt dich bedingungslos, deine Partnerin liebt dich so sehr, dass sie eine Familie mit dir gründet. Nimm dieses Geschenk an.

> ➤ **Ich darf anders sein.** Je mehr du deine eigene Persönlichkeit auslebst, desto gesünder wirst du sein und desto authentischer wird dein Kind dich wahrnehmen und sich selbst darin bestärkt fühlen, eine eigene Persönlichkeit zu entwickeln.

ICH WERDE PAPA!

➢ **Ich schaffe das.** Motiviere dich und du wirst erstaunt sein, was du erreichst. Deine Partnerin wird neue, liebenswerte Seiten an dir entdecken und dein Kind wird noch mehr Gründe haben, stolz auf den besten Papa der Welt zu sein.

➢ **Ich bin attraktiv/intelligent/begabt (genug).** Auch mit diesem Glaubenssatz vermittelst du Selbstwertgefühl und Selbstannahme.

➢ **Ich verdiene Aufmerksamkeit/Zuneigung.** Jeder Mensch verdient das und du auch.

MARCO FREUND

Ein Vater stellt dann am ehesten fest, dass sein Vater recht hatte, wenn er einen Sohn hat, der ihm vorhält, Unrecht zu haben.

Willy Meurer, 1934 - 2018

ICH WERDE PAPA!

HERAUSFORDERUNGEN UND RESSOURCEN

Herausforderungen beim Vater werden gibt es viele: die Abstimmung mit der Mutter, das Selektieren der Kommentare, Ratschläge und Anweisungen aus dem Umfeld, die Organisation des Alltags, der finanzielle Aspekt, das Loslassen der vormaligen Zweisamkeit mit der Partnerin, die Trennung von alten Verhaltensmustern in Bezug auf deine Freizeitgestaltung und besonders die Auseinandersetzung mit dir selbst. Für manche Männer ist es schwierig, sich mit der eigenen Psyche zu beschäftigen, und vielleicht hat es dich ziemlich aus der Bahn geworfen, dass du nun von Emotionen und Zweifeln überrumpelt wirst, die du so sonst nicht kennst. Vielleicht stehst du schon voll im Leben, deine Beziehung ist harmonisch, ihr pflegt guten Kontakt zu euren Familien, habt einen großen Freundeskreis, unternehmt viel gemeinsam und du bist in deiner beruflichen Laufbahn dort, wo du sein möchtest. Ein Kind wird einiges an diesen Umständen ändern, jedoch meist zum Positiven. Dein Fokus wird sich – oder sollte sich – auf deine Familie verschieben. Jetzt mehr denn je wird sich die Beziehung zu deiner Partnerin, zu dir selbst und zu deinen Eltern verändern. Letztgenannte wird sich möglicherweise intensivieren, denn deine Eltern können dir jetzt eine große Hilfe sein.

Deine inneren Stützen für die Kindererziehung hast du stets dabei, denn du hast bereits Werte und Ideale in dir, die du deinem Kind übermitteln möchtest. Auch deine Talente und Fähigkeiten werden der Kindererziehung zugutekommen: Bist du ein guter Handwerker? Du kannst erst für dein Kind neue Gegenstände basteln und das Kinderzimmer einrichten und später mit deinem Kind gemeinsam werkeln. Vielleicht bist du aber auch sehr sportlich. Es gibt Kinderwagen für Jogger, sodass du in den ersten Jahren dein Kind mitnehmen kannst an die frische Luft und weiter deinem Hobby nachgehen. Ebenfalls gibt es Baby-Yoga und auch Work-Outs für Zuhause, die du sogar schon mit deinem Neugeborenen durchführen kannst – einen Kuschelbonus gibt es dabei auch noch. Oder bist du ein echter Bücherfreund? Dann kannst du deinen Kindern Geschichten erzählen, auch schon während der Schwangerschaft. Das stärkt außerdem die Bindung zwischen dir und der Mutter.

Gern kannst du auch dein inneres Kind fragen, was es besonders gern hat, also was deine schönsten Erinnerungen sind. Dann rufe dir diese Erinnerungen ins Gedächtnis. Vielleicht kannst du ähnliche Situationen mit deinem Kind erschaffen und dafür sorgen, dass ihr beide eine gemeinsame, glückliche

ICH WERDE PAPA!

Erinnerung bekommt? Das beginnt bereits nach der Geburt, auch wenn Säuglinge noch recht wenig wahrzunehmen scheinen. Du wirst jedoch schnell feststellen, dass dein Kind sich freut, wenn du dich freust. Also gilt es, so viele harmonische Erlebnisse in eurer kleinen Familie zu schaffen, wie du kannst.

MARCO FREUND

Die Wohltaten des Vaters übersteigen die Berge, die Wohltaten der Mutter sind größer als das Meer.

Japanisches Sprichwort

ICH WERDE PAPA!

ZENTRALE ERZIEHUNGS- „BAUSTEINE"

Die Menschen haben unterschiedliche Bedürfnisse. Besonders bei Erwachsenen sind diese unterschiedlich stark ausgeprägt: Einer braucht besonders viel Anerkennung, einer strebt stets nach Geld, andere haben starke körperliche Bedürfnisse oder brauchen viel Rückzug. All diese Ansprüche liegen hauptsächlich in der frühkindlichen Erziehung der Menschen begründet. Vielleicht kennst du diesen einen Menschen, der stets im Mittelpunkt stehen muss: Diesem wird vermutlich in seiner Kindheit kaum Aufmerksamkeit geschenkt worden sein. Wenn du jemanden in deinem Umfeld hast, der stets alles perfekt machen muss und/oder alle Aufgaben übernimmt, so wird es dieser Person im Elternhaus an Wertschätzung gemangelt haben. Aber was kannst du tun, damit deine Kinder später nicht ständig versuchen, mangelnde Erziehung zu kompensieren?

LIEBE DEINE KINDER BEDINGUNGSLOS.

Dein Kind muss nicht perfekt sein, es muss auch nicht immer alles gleich richtig machen, aber es muss spüren, dass du es liebst, egal, was es tut, auch, wenn du nicht immer damit einverstanden bist, was es tut.

MARCO FREUND

Fakt: Das menschliche Gehirn kann etwa bis zum zwölften Lebensjahr nicht unterscheiden, ob die Person oder das Handeln kritisiert wird. Ein Kind wird Kritik immer erst auf sich beziehen. Das heißt nicht, dass du dein Kind immer für alles loben sollst, aber ein Kind braucht eine ausreichende Erklärung, warum Kritik angebracht ist. Ein Einfaches „Das ist falsch" wird in einem Kinderkopf und damit im Unterbewusstsein des Erwachsenen sehr schnell zu einem „Du bist falsch".

STRUKTURIERE DAS LEBEN DEINER KINDER.

Feste Rituale sind wichtig, um das Sicherheitsgefühl des Kindes zu stärken. Wenn du den Film „Rain Man" kennst oder vielleicht eine autistische Person im echten Leben, dann weißt du, wie wichtig Rituale und Strukturen sein können. Allerdings werden nichtautistische Kinder nicht unbedingt wütend oder panisch, wenn keine Struktur vorliegt oder diese gebrochen wird, dennoch gibt es bei mangelnder Organisation Spätfolgen. Wenn ein Kind sich nicht auf bestimmte Abfolgen im Leben verlassen kann, so kann sein Urvertrauen Schaden nehmen. Die Folgen davon sind, je nachdem, was dem Kind sonst fehlt oder nicht fehlt, unterschiedlich stark.

ICH WERDE PAPA!

Zu den häufigsten Ritualen zählen Gute-Nacht-Geschichten, Familienabende oder -tage, aber auch das gemütliche Sonntagsfrühstück, das gemeinsame Weihnachtsbaumschmücken, der allgemeine Tagesablauf mit Frühstück, Mittag- und Abendessen, aufräumen, später Krippe, Kindergarten und Schule. Zum Einhalten dieser Rituale ist ein Wochenplan hilfreich, in dem festgehalten wird, wann ein Spieleabend oder der Besuch bei den Großeltern stattfindet. Es muss nicht alles minutiös geplant sein, aber wenn es einen Plan gibt, dann können alle Familienmitglieder sehen, wann was passieren wird.

HALTE DICH AN REGELN.

Je älter Kinder werden, desto mehr testen diese deine Geduld und die der anderen Personen in ihrem Umfeld. Das ist wichtig für die Entwicklung, um fremde und eigene Grenzen zu erkunden und zu stecken. Dabei brauchen Kinder deutliche Regeln, am besten mit einer Begründung. Die reine Aussage „Im Haus wird nicht gerannt" sollte dabei mit etwas verknüpft werden wie „„, weil du dich verletzen könntest". Aussagen wie „Das tut man nicht" werden im Kinderkopf nicht ausreichend verarbeitet, da dieser „man" gesichtslos ist. Regeln sollten genau und dabei eher positiv formuliert werden, wie alle anderen Dinge auch. Das Wort „nicht" hat den

Drang, auf dem Weg durch den Gehörgang an Bedeutung zu verlieren, und wird oft ausgefiltert. Somit ist ein „Tu das nicht" oft eher ein „Tu das", oder denkst du an kleine Kätzchen, wenn man dich bittet, jetzt nicht an Hundewelpen zu denken? Somit sollten auch Regeln positiv formuliert werden:

➤ Bitte spiele mit dem Ball nur draußen (damit drinnen nichts kaputt geht)

➤ Bitte sprich nur mit leerem Mund (damit ich dich gut verstehen kann)

➤ Bitte räume jede Woche dein Zimmer auf (damit ich sehe, dass du diese Verantwortung schon tragen kannst)

➤ Bitte lasse mich ausreden (damit ich merke, dass du mich ernst nimmst)

➤ Bitte sage mir, wenn ich etwas falsch mache (damit ich es besser machen kann)

Die Einhaltung von Regeln ist in jeder Gesellschaft, ob sie groß wie ein Staat oder klein wie eine Familie ist, von großer Bedeutung für ein gesundes Zusammenleben, daher sollten auf Regelverstöße angemessene Strafen stehen, die für jeden deutlich und vor allem verbindlich sind. Besonders beliebt sind dabei Strafen wie Hausarrest, Fernsehverbot oder Handyentzug. Aufgaben im Haushalt sollten nicht als Strafe erteilt werden, damit das Kind Haushalt nicht als Strafe abspeichert, ebenso ist es pädagogisch

ICH WERDE PAPA!

unvorteilhaft, dem Kind nach Verfehlungen den gemeinsamen Familienausflug oder Kinobesuch zu streichen, da dies unter Liebesentzug fällt und dem Kind vermittelt, es wäre falsch, nicht gut genug oder nicht liebenswert. Als Alternative kann ich dir ein Punktesystem empfehlen. Dies erkläre ich dir unter dem nächsten Punkt „Motivation". Bevor wir jedoch dazu übergehen: Wenn das Kind sich nicht an die Regeln hält und du dich dann nicht an die Konsequenzen, lernt das Kind, dass es keine – oder sehr weit gesteckte – Grenzen bei dir hat und wird dies ausnutzen. Daher halte dich an die Strafen, die ihr gemeinsam festgelegt habt, damit dein Kind dich ernst nehmen und zu dir aufsehen kann.

WECKE UND UNTERSTÜTZE DIE INTERESSEN DEINES KINDES

Wenn dein Kind seine ersten Schritte versucht, wirst du es mit Tränen in den Augen anfeuern. Wenn dein Kind mit dem Brabbeln anfängt, wirst du sagen „Sag doch mal Papa, PA-PA". Je jünger das Kind, desto schneller die vermeintlich riesigen Meilensteine in seiner Entwicklung. Natürlich spornst du dein Kind an: Beim Krabbeln, beim Laufen, wenn es das erste Mal aufs Töpfchen geht, wenn es in den Kindergarten soll, motivierst du es vorher, wenn die Einschulung bevorsteht, wenn die weiterführende Schule beginnt, wenn der Schulabschluss sich ankündigt. Hast du es gemerkt? Die Abstände werden größer. Was ist, wenn dein Kind sich ein Haustier wünscht, oder reiten oder Ballett lernen möchte? Wenn es einen Motorroller fahren oder einen Streetdance-Kurs machen möchte? Je älter sie werden, desto eher neigen Eltern dazu, an die Vernunft des Kindes zu plädieren und argumentativ Dinge abzuweisen. In manchen Fällen ist das sinnvoll, aber manchmal sind wir Erwachsenen auch zu bequem oder trauen dem Kind nicht zu, sein Vorhaben bis zum Ende zu durchdenken und entsprechend dem Anspruch zu genügen. Macht das Kind den Führerschein bis zum Ende? Es lernt ja jetzt schon nicht für die Schule, wie will es dann die Straßenverkehrsordnung können? Zur Motivation eines jungen Menschen gehört auch, diesen ernst zu nehmen und seine Wünsche zu respektieren. Je größer die Kleinen werden, desto besser kann man mit ihnen rational Dinge besprechen, die Kosten für deren Wünsche kalkulieren und erklären, was damit verbunden ist, und das sollte man dann auch tun. Ein simples „Nein" ist weder bei 16-Jährigen noch bei 2-Jährigen förderlich.

Je kleiner die Kinder jedoch sind, desto weniger wissen diese, was alles möglich ist. Du als Vater hättest noch vor einigen Jahrzehnten die Pflicht gehabt, deinen

ICH WERDE PAPA!

Kindern die Welt zu zeigen – jetzt sollte es zu deiner Leidenschaft werden. Biete deinen Kindern Möglichkeiten an. Das beginnt bereits früh mit unterschiedlichem Spielzeug, später kommen alternative Malutensilien hinzu (Buntstifte, Wachsmaler, Kreide, Wasserfarben). Es ist nicht notwendig, dass du einen Goldesel im Keller hast, dein Kind sollte nur so viele Möglichkeiten wie möglich haben, um dann selbst zu entscheiden. Wenn es entschieden hat, ist es selbstverständlich eine hervorragende Entscheidung.

MARCO FREUND

GIB DEM KIND RAUM ZUR ENTFALTUNG.

Heutzutage scheint es notwendig geworden zu sein, jedes Kind vor Langeweile schützen zu müssen. Die Zeitpläne mancher Kinder sind direkt nach der Schule mit Sportkursen, Instrumentenunterricht, Nachhilfe und anderen Freizeitaktivitäten gefüllt, sodass diese Kinder im Endeffekt „Frühstück, Schule, Mittagessen, Judo, Klavier, Abendessen, Schlafen" leben. Am Wochenende folgen dann Schulveranstaltungen, Geburtstag anderer Kinder, Familienbesuche. Das Kind kommt nie zur Ruhe und erst recht wird ihm nicht langweilig. Dass Langeweile schlecht ist, stimmt allerdings nur bei Erwachsenen. Kinder sind dazu geschaffen, sich selbst zu beschäftigen, Dinge auszuprobieren und zu hinterfragen. Damit ein Kind herausfinden kann, wo seine Stärken liegen und welche Interessen es (aktuell) hat, sollte es die Möglichkeit haben, mit sich allein zu sein und sich an Neuem zu versuchen. Wird einem Kind diese Möglichkeit versagt, entwickelt es wenig Selbstbewusstsein und Selbstkenntnis, es kann dadurch schon sehr früh nicht einschätzen, welche Aufgaben es sich zutrauen kann und wird unselbstständig.

ICH WERDE PAPA!

DEIN KIND IST RICHTIG UND WERTVOLL, SO WIE ES IST.

Stell dir vor, du bist etwa fünf Jahre alt. Du hast deinem Vater ein Bild von eurem Haus gemalt und gibst ihm dieses mit einem großen Lächeln im Gesicht, denn du hast es genau getroffen: So und nicht anders sieht euer Haus aus, ein Fotograf hätte es nicht besser machen können. Und dein Papa nimmt es, schaut kurz drauf, sagt „fein" und legt es beiseite. Fühlt sich blöd an? Richtig blöd. Die Botschaft, die in dieser Situation vermittelt wird, ist „du bist schlecht, uninteressant, nicht gut genug" und diverse andere. Wenn das gelegentlich passiert, ist das nicht schlimm, du kannst deinem Kind im Nachhinein – am nächsten Tag zum Beispiel – erklären, dass du gerade sehr müde von der Arbeit warst, dich aber riesig über das schöne Bild gefreut hast und es hängt auch schon an der Wand, du wolltest nicht so blöd reagieren, das hatte nichts mit deinem Kind zu tun.

Nicht alles, was dein Kind tut, ist gut. Wände anmalen, Schokolade auf die neue Sofagarnitur schmieren, die Liste ist endlos. Wenn ein Kind etwas Negatives tut, dann solltest du erklären, was du an der Handlung nicht gut gefunden hast, hast du keinen Grund, kann es nicht schlimm gewesen sein: So in etwa funktioniert das Gehirn eines Kindes, wenn du etwas sagst. Wenn das Kind aber vor deinem Bett steht und weint, weil ein Monster unterm Bett ist, dann muss es für das Monster keinen Grund geben. Es ist mit Sicherheit da, das Kind hat es schließlich gesehen, also nimm das bitte ernst, bewaffne dich mit deinem Hausschuh und geh auf die Suche, finde ein Monster und verjage es.

Zur Wertschätzung gehört schließlich auch, dass du dein Kind ernst nimmst: in seinen Wünschen, Bedenken, Ängsten und Plänen. Wenn dein Kind mit sieben Jahren Astronaut werden will, dann kann es das schaffen. Wenn es mit 16 Zirkusclown werden möchte, kann es das ebenfalls tun. Bei besonders abstrusen Fällen lohnt sich eine Auseinandersetzung mit dem Thema. Beim Beispiel Zirkusclown wäre das beispielsweise ein Besuch im Zirkus und eine Unterhaltung mit den Clowns, wie das Leben im Zirkus so ist, vielleicht erledigt sich der Wunsch damit von selbst, aber du hast den Wunsch deines Kindes und damit dein Kind selbst ernst genommen und wertgeschätzt. Erkenne auch an, was dein Kind tut, und zwar immer. Wenn es im Kindergarten beim Kürbisschnitzen geholfen oder ein Kastanienmännchen gebaut hat, wenn es zu dir kommt, weil es Sorgen hat, wenn es dir helfen möchte.

ICH WERDE PAPA!

UNTERSTÜTZE DEIN KIND.

Wie schon bei der Motivation spielt bei der Förderung eines Kindes auch das zur Verfügung stellen von Möglichkeiten eine Rolle. Weiterführend ist hier jedoch auch, dass du weißt, was dein Kind gern tut und es darin unterstützt. Wenn es gern Pferdegeschichten hört, geh mit ihm zu echten Pferden, wenn es gern mit Mähdreschern spielt, fahre mit ihm auf einen Bauernhof. Zum Fördern gehört aber auch, dass du es selbst entdecken lässt und nicht jede Frage sofort beantwortest – auch wenn du als klügster Papa der Welt natürlich könntest. Wenn das Kind nach der Welt fragt, schaue mit ihm auf einem Globus oder in einem Atlas nach, lass das Kind selbst entdecken, dadurch lernt es, sich und seine Fähigkeiten einzuschätzen und erlangt Erfolgserlebnisse, da es selbst Dinge herausgefunden hat. Du bist im Falle der Förderung ein Mentor, kein Souffleur. Erziehung und Kindeswohl benötigen Zeit, diese solltest du dir nehmen. Kindliche Neugier ist ein Geschenk, das man nicht vernachlässigen sollte. Wenn du hingegen von deinem Kind forderst, dass es Dinge kann oder tut, die nicht seinem Alter entsprechen, dann nimmst du ihm die Chance auf eine gesunde, eigenständige Entwicklung. Dein Kind macht die Fortschritte in seinem Tempo, versuchst du, ihm dein Tempo oder deine Wünsche aufzuzwingen, nimmst du ihm einen Teil seiner Persönlichkeit. Nur weil du als Junge gern im Wald warst, heißt das schließlich nicht, dass dein Sohn das genauso gern tut. Vielleicht liest er lieber Bücher, immerhin ist er mehr als die Summe aus dir und einer anderen Person, nicht dein Ebenbild. Dein Kind hat eigene Wünsche, Ziele, Träume, Hoffnungen und Ängste und es ist deine Aufgabe, diesem Menschen zu zeigen und zu erklären, wie er sich in der Welt zurechtfindet.

GIB DEINEM KIND EIN RICHTIGES ZUHAUSE.

Die Sicherheit eines Menschen ist eines der elementaren Bedürfnisse. Nach dem Psychologen Abraham Marlow steht die Sicherheit an zweiter Stelle nach Nahrung, Wasser und Wärme – den physiologischen Bedürfnissen. Zur Sicherheit eines Kindes gehört allerdings mehr als nur die physiologische Unversehrtheit: Sich sicher und zuhause fühlen heißt, eine oder mehrere Bezugspersonen zu haben, die da sind, wenn etwas passiert, wenn Fragen sind oder im Alltag. Ein Kind muss sich auf seine Eltern verlassen können, dazu gehört bei Säuglingen, dass jemand da ist und es versorgt, wenn es weint, mit ihm spielt und mit ihm spricht. Später bedeutet es, dass die Eltern pünktlich sind, sich an Regeln und

ICH WERDE PAPA!

Vereinbarungen halten, dass Versprechen eingehalten werden und dass das Kind mit seinen endlosen Fragen nicht allein zurechtkommen muss. Kinder haben sehr viele Fragen und das ist gut so. Sie sind noch sehr neu auf dieser Welt und die Welt ist groß und rätselhaft, der Entdeckungsdrang eines Kindes sollte auf keinen Fall unterdrückt werden. Es wird passieren, dass du gestresst bist, keine Frage, und es wird manchmal so sein, dass du eine Frage nicht beantworten kannst, weil du die Antwort nicht kennst oder weil du schlichtweg keine Zeit hast. Dein Kind wird verstehen, wenn du ihm erklärst, dass es jetzt gerade nicht geht – wenn es manchmal nicht geht – sage deinem Kind, wann du diese Frage beantworten kannst, verabredet euch zu einem späteren Zeitpunkt. Wenn du es nicht weißt, hilf deinem Kind, die Antwort zu finden, untersucht das fragwürdige Objekt/Phänomen/Anliegen gemeinsam. Einem Kind zu oft die Antwort zu verwehren, wird seine Neugier unterbinden, den Spaß am Lernen und es wird keine Fragen mehr stellen, auch nicht, wenn es wirklich wichtig ist.

Genauso bietest du deinem Kind Sicherheit, wenn du dafür sorgst, dass es versteht, dass du immer da bist, wenn es Angst hat, traurig oder besorgt ist, wenn es sich um irgendetwas Gedanken macht oder sich einfach freut. Die neumodische Erfindung des „Sorgenfressers" ist ein Konstrukt, das für Menschen erfunden wurde, deren Kinder sich mit ihren Nöten nicht zu ihren Eltern trauen. Falls du nicht weißt, was ein Sorgenfresser ist: Das ist ein Stofftier, recht abstrakt und monströs, aber niedlich gehalten, welches eine kleine, mit Reißverschluss verschließbare Tasche hat. Dort können etwas größere Kinder Zettel mit ihren Sorgen hineinlegen, die dann am nächsten Tag wie von Geisterhand verschwunden sind. Die Eltern können diese Zettel heimlich aus dem Stofftier entfernen und erhalten auf diese Weise die Informationen, die das Kind ihnen nicht geben möchte.

In manchen Fällen kann dieses Produkt sehr hilfreich sein, wenn Kinder sehr verschlossen sind, zum Beispiel nach traumatischen Ereignissen oder in Fällen von Kindesmissbrauch, wenn das Urvertrauen der Kinder sehr in Mitleidenschaft gezogen wurde, wenn ein Kind aber ohne schreckliche Ereignisse aufwächst, dann sollte es wissen, dass es immer und mit jedem Anliegen zu seinen Eltern gehen und mit diesen sprechen kann, ohne Angst um deren Zuneigung haben zu müssen.

Ein weiterer Sicherheitsaspekt ist der Rückzugsort: Ein Kind benötigt auch einen Ort, an dem es in Ruhe mit sich sein kann, also ein eigenes Zimmer. Teilen sich Kinder ein Zimmer, sollten beide die Privatsphäre des anderen respektieren, ebenso wie die Eltern diesen

ICH WERDE PAPA!

Respekt aufbringen sollten. Es kann nicht oft genug betont werden, dass Kinder sich das Verhalten der Bezugspersonen abgucken: Respektierst du dein Kind nicht, wird es weder dich noch andere respektieren lernen.

MARCO FREUND

SPRICH MIT DEINEM KIND UND HÖRE IHM ZU

Jeder Vorgesetzte wird regelmäßig in Kommunikationsschulungen gesetzt, ebenso zahlreiche Kundenberater und diverse andere Berufsfelder. Mittlerweile gibt es auch zahlreiche Medien, gefüllt mit Hinweisen, wie du, in welcher Phase deines Kindes mit diesem kommunizieren sollst. Um Kommunikation zu verstehen, gibt es zahlreiche Modelle, die auf unterschiedliche Art und in verschieden großem Umfang die Aspekte der Kommunikation beleuchten. Auf die Grundlagen heruntergebrochen bestehen diese Modelle aus diesen Punkten:

➢ Welchen Inhalt teile ich meinem Gegenüber mit?
➢ Welche Emotion übermitteln meine Stimmlage, Betonung und Körperhaltung?
➢ Welcher Inhalt erreicht mein Gegenüber?
➢ In welcher emotionalen Verfassung ist mein Zuhörer?

Ein Beispiel dazu: Herbert kommt von der Arbeit. Er war den ganzen Tag im Büro und hatte stressige Kundentermine, auf dem Rückweg von der Arbeit steckte er im Stau und wird zu spät zum Abendessen kommen. Als er nach Hause kommt, fällt ihm aus den Augenwinkeln ein kleines Chaos in der Wohnung auf. Während er die Schuhe auszieht und noch gehetzt

ICH WERDE PAPA!

klingt, sagt er mehr zu sich selbst als zu seiner Frau: „Wie es hier wieder aussieht." Seine Frau hört das, während sie in der Küche das Neugeborene füttert und versucht, den zweijährigen Sohn davon abzuhalten, mit seinem Essen Bilder auf den Tisch zu malen. Sie stellt sich – das Kleine auf dem einen Arm, den anderen Arm in die Hüfte gestemmt – in die Küchentür, schnaubt und meint: „Wärst du pünktlich gewesen, wäre es wohl sauberer, Mister Perfekt!"

Schade, nun werden sich die zwei wohl streiten. Herbert hatte aber gar nicht vor, seiner Frau einen Vorwurf zu machen. Er wäre gerne pünktlich gewesen und hätte ihr geholfen und mit der Familie gemeinsam das Abendessen verbracht. Seine Frau hat, da er diese weder direkt angesprochen noch die nötige Ruhe gesucht hat, um zu sagen „Schatz, lass mich kurz mit euch essen, dann helfe ich beim Aufräumen" oder „Schatz, wie war dein Tag?" zu sagen, leider den falschen Ton erwischt. Diese und ähnliche Situationen wirst du kennen oder kennenlernen, dazu brauchen Erwachsene nicht einmal Kinder, um sich wegen Missverständnissen und unglücklichen Formulierungen hochzuschaukeln. Allerdings lernen deine Kinder von dir, wie man mit anderen Menschen redet.

Solltest du also beim Autofahren ständig fluchen und dich immer über andere beschweren, selbst wenn es in deren Abwesenheit ist, werden deine Kinder dieses Verhalten aller Wahrscheinlichkeit nach übernehmen. Wenn du mit deiner Partnerin oder deinem Partner nicht redest oder einer von euch stets bei „unangenehmen" Themen ausweicht, ablenkt, das Gespräch und/oder den Raum verlässt, werden deine Kinder nicht lernen, wie man Konflikte löst. Führst du respektlose Gespräche mit anderen, beispielsweise Dienstleistern, die einfach nie das tun, was du willst, wird dein Kind sich diese Eigenschaft ebenfalls aneignen. Somit ist ein Teil der Kommunikationsschulung für deine Nachkommen dein Umgang mit anderen Personen.

Der zweite Teil ist die Kommunikation zwischen dir und deinem Kind. Für diesen Teil der Kommunikation gibt es einige Hinweise, die auch im Umgang mit Erwachsenen hilfreich sind, auch wenn du dich in manchen Situationen nicht an alle Tipps erinnern wirst:

➤ Vermeide Konjunktive, sprich verbindlich: Ein Leben in Würde kannst du ohne „hätte", „könnte" und „sollte" führen. Immerhin könnte das Kind natürlich aufhören, in der Nase zu bohren, aber warum sollte es. Kleinkinder verstehen diese unverbindliche Sprechweise auch nicht. Es ist also wesentlich freundlicher, wenn du „Hör bitte auf" oder „Sprich bitte leiser" sagst, als „Du solltest dies und das nicht tun".

ICH WERDE PAPA!

➢ „Nicht" sagt man nicht: Achte auf positive Formulierungen und versucht, das „nicht" weiträumig zu umgehen. Versuche es statt „Wische deine Hände nicht an der Hose ab" mit „Benutze bitte die Serviette" oder „Wasch bitte deine Hände". Wie erwähnt verarbeitet das menschliche Gehirn das „nicht" eher schlecht. Weiterhin haben positive Formulierungen den Effekt, dass sie nicht wie ein Verbot klingen und somit den kleinen Rebellen weniger dazu verleiten, das Gesagte zu ignorieren.

➢ Wer ist dieser „man"? „Man" macht viele Dinge nicht, wenn du dich so umhörst in der Welt, macht „man" eigentlich gar nichts: Er sitzt nicht krumm auf dem Stuhl, er bohrt nicht in der Nase, er – oder vielleicht auch sie – zeigt nicht mit dem Finger auf andere Leute oder drückt die Nase an die Scheibe. Dein Kind hingegen macht das sehr wohl und mit wachsender Begeisterung, je öfter du diesen „man" erwähnst. Bringe auch diese Sätze in eine präzise und persönliche Form, damit dein Kind sich angesprochen fühlt. Ganz nebenbei: „wir" machen auch manches nicht, auch diese Aussagen sind zu ungenau. Sagt deinem Kind, was es darf oder kann.

➢ Benutze kindgerechte Ausdrücke, oder solche, von denen du weißt, dass sein Kind diese kennt. Fremd- und Fachwörter haben in einem Gespräch mit einem jungen

Menschen nur dann einen Platz, wenn diese erklärt werden oder bekannt sind.

➢ Ironie, Sarkasmus und Zynismus verstehen Kinder nicht. Sei aufrichtig und meine, was du sagst, denn dein Kind versteht nur, was du sagst, nicht, was du meinst. Dass Kinder kleine Erwachsene sind, ist ein folgenschwerer Trugschluss.

➢ Sei stets ehrlich und aufrichtig – auch mit deinen Kindern. Diese haben einen stark ausgeprägten Emotionsspürsinn und merken ganz deutlich, wenn dir etwas fehlt, sie wissen nur nicht, was es ist. Wenn du traurig bist oder wütend und dein Kind fragt nach oder schaut besorgt, sprich mit ihm. Kannst du nicht erklären, warum du heute schlechte Laune hast, wird es sehr wahrscheinlich davon ausgehen, dass es seine Schuld ist. Das beginnt bereits ab einem Alter von etwa sechs Monaten. Auch die ganz Kleinen verstehen die Gefühle der Großen auf ihre eigene Art und beziehen deine Emotionen auf sich, denn etwas anderes kennen sie noch nicht. Sie sind der Mittelpunkt der Welt und alles drum herum reagiert nur auf sie.

➢ Wende dich auch körperlich deinem Kind zu, wenn du mit ihm sprichst und achte auf deine Körpersprache. Wenn du mit dem Kühlschrank redest, fühlt sich dein Kind nicht angesprochen und kann die besten Formulierungen nicht umsetzen.

ICH WERDE PAPA!

SEI DIE BESTE VERSION VON DIR.

Viele Ratgeber sagen dir, was du tun und lassen und wie du es tun oder lassen sollst, dieser eingeschlossen. Aber niemand kann dir vorschreiben, wie du sein sollst, denn du bist bereits jemand mit Werten, Erfahrungen, Kenntnissen, Stärken und Schwächen. Deine Kinder werden zu dir aufschauen, sie werden alles nachahmen, was sie dich tun sehen, sie werden nachplappern und nachäffen. Dein Kind liebt dich bedingungslos, auch, wenn du denkst, diese Liebe nicht verdient zu haben. Es wird dich solange lieben, bis du etwas Unverzeihliches tust, das geschieht allerdings so selten, dass du dir darum keine Sorgen machen brauchst.

Wenn du aber schon weißt, dass du negative Eigenarten hast, dann arbeite daran, diese loszuwerden. Sei so lieb, höflich, zärtlich und liebevoll, wie du nur kannst: zu deinen Kindern und zu deiner Frau, denn auch das werden deine Kinder nachahmen. Versuche, dir immer ins Gedächtnis zu rufen, dass deine Kinder sehr lange alles einfach tun, weil sie dich lieben: Dich mit Fragen bombardieren, dir immer alles erzählen und zeigen und sich dir um den Hals werfen – sie wollen deine Liebe, deine Anerkennung und deinen Respekt und Stolz.

Unabhängig von diesen Grundelementen spielen allerdings auch andere Dinge in der Kindererziehung eine Rolle: Bildungsstand und sozialer Status der Eltern, das Wesen des Kindes und auch andere Bezugspersonen, wie Erzieher, Großeltern, Onkel, Tanten und so weiter.

ICH WERDE PAPA!

Ein Vater muss lernen, das Handeln seiner Söhne zu akzeptieren, und zwar nicht gemessen an seinen Wünschen, sondern an deren Möglichkeiten.

Voltaire, 1694 - 1778

MARCO FREUND

ZWISCHEN MITEINANDER UND AUTONOMIE

Es gibt Väter, die in ihrer Rolle als solche vollkommen aufgehen und es scheint, als wären sie dafür geboren worden. Diese Väter brauchen keine Zeit für sich. Das ist allerdings sehr selten der Fall. Du wirst als Vater eine neue Lebensart kennenlernen und mehr denn je wird es wichtig sein, dass du zufrieden in deinem Job bist, um keine Belastung von dort mit nach Hause zu nehmen. Auch wird es wichtig sein, dass ihr, du und deine Partnerin, in eurer Beziehung zufrieden seid, damit ihr gemeinsam gute Eltern sein könnt. Nichtsdestotrotz darf dein „Ich" nicht verloren gehen. Wenn du jetzt regelmäßig Sport treibst, um dich zu entspannen, plant weiterhin Zeit dafür ein. Wenn du dich regelmäßig mit Freunden triffst, lasst auch diese Treffen weiterhin Teil eures Lebens sein. Um ein guter Vater sein zu können, musst du einen Ausgleich zu allen anderen Aufgaben haben, ebenso wie auch die Mutter des Kindes ausspannen können muss. Dabei werdet ihr euch stets an neue Gegebenheiten anpassen müssen, denn das Kind ändert sich ebenfalls. Anfangs wird es viel Aufmerksamkeit brauchen und es dauert einige Wochen, bis sich der Schlafrhythmus eingestellt hat, später habt ihr wieder mehr kinder-freie Zeit, wenn eine Krabbelgruppe oder der Kindergarten und die

ICH WERDE PAPA!

Schule anfangen. Je nach Alter des Kindes werdet ihr also eure Bedürfnisse an das Kind anpassen.

Falls du vorhast, noch neue Sprachen zu lernen oder einen Kochkurs zu besuchen, so kannst du diesen Wunsch relativ gut mit der Elternzeit verknüpfen. Besprich dies bitte mit der Mutter des Kindes, auch sie wird Wünsche haben und sich selbst in manchen Bereichen fortbilden und verwirklichen wollen. Wichtig ist, dass du keine Angst davor hast, dass dein Leben vorbei sein könnte: Es finden nur Änderungen statt, nichts endet mit einem Kind, was man nicht bewusst enden lässt, und kaum eine Entscheidung ist in Stein gemeißelt, sodass man sie nicht rückgängig machen könnte.

Wenn du offen über deine Wünsche und Träume sprichst, werden sich Mittel und Wege finden lassen, diese in die Tat umzusetzen.

MARCO FREUND

Das Glück deines Lebens hängt von der Beschaffenheit deiner Gedanken ab.

Marc Aurel, 121 - 180

ICH WERDE PAPA!

SELBSTFÜRSORGE ALS MANN: NUR WEM ES GUT GEHT, DER KANN GEBEN UND BESCHÜTZEN

Jeder Mensch braucht individuelle Pausen. Bei manchen reicht die 20-minütige Heimfahrt im Auto oder in der Bahn, andere brauchen jeden Abend wenigstens eine Stunde Ruhe zum Lesen, Fernsehen oder um sich mit Freunden zu treffen. Es hat sich herausgestellt, dass viele Väter sich mit der doppelten Belastung von Beruf und Kindererziehung überfordert fühlen. Rein evolutionär betrachtet haben Väter sich nur um Essen und Sicherheit gekümmert, Ordnung im Heim und die Betreuung der Kinder oblagen seit Entwicklung der Gattung Homo sapiens dem Weibchen. Dennoch gibt es viele Väter, die gern beide Aufgaben übernehmen. Dabei ist jedoch auch wichtig, dass neben dem Vater, dem Verdiener, dem Ernährer und dem Partner der Mann einen Teil der Zeit für sich behält. Um diese Zeit zu erhalten, sollte sich im familiären Wochenplaner auch ein Zeitraum finden, in dem der Vater einen Raum für sich bekommt. Ein Abend mit Freunden, an der Playstation, mit einem guten Buch oder im Theater, je nach Vorliebe, kann dafür schon ausreichend sein. Manche Väter gönnen sich aber anstelle von kleinen Auszeiten in regelmäßigen Abständen Wochenenden oder auch mal einen mehrtägigen Urlaub. Diese Ruhephasen sind wichtig für Vater und Mutter, um das Gleichgewicht zu halten und nicht übermäßig gestresst zu sein, denn Stress verursacht nicht nur Krankheiten bei dem Gestressten, sondern wirkt sich auch negativ auf die Kinder aus. In wissenschaftlichen Studien hat sich herausgestellt, dass bereits sehr kleine Kinder eine höhere Immuntätigkeit haben, wenn die Eltern immer gehetzt und genervt, ergo gestresst, sind. Weiterhin ahmen Kinder alles nach: Wenn du also stets gestresst und unzufrieden bist, werden deine Kinder das einerseits mit sich in Verbindung bringen, andererseits mit Berufstätigkeit oder der Partnerin, je nachdem, wie sich dein Stress äußert und woran du diesen auslässt.

Stress äußert sich anfangs in Hektik, wird später zu Unzufriedenheit, Gereiztheit und führt zu Bluthochdruck und anderen gesundheitlichen Problemen, sofern er eine Dauerbelastung darstellt. Daher ist es unabdingbar, dass du dir Ruheinseln im Alltag verschaffst. Besprich dies in jedem Fall mit dem anderen Elternteil, plant euch dafür feste Zeiten ein, denn auch der andere Part hat ein Anrecht auf Erholung, sowie auch die Kinder Freizeit zur Verfügung benötigen, um sich selbst in ihrer Kreativität und ihren Interessen zu entwickeln. Es gibt jedoch auch Menschen, die in ihrer Funktion als Eltern derart aufblühen, dass keine Freizeit mehr notwendig ist.

ICH WERDE PAPA!

Horche diesbezüglich gut in dich hinein, damit du rechtzeitig Erholung findest.

Besonders in den ersten Jahren nach der Geburt eines Kindes werden Schlaf, warmes Essen, eine heiße Dusche, ein Bier mit dem besten Kumpel oder ein Film ohne Unterbrechung das sein, was du als Entspannung bekommen kannst, denn Kinder machen das Leben wunderschön, aber auch aufregend.

Sobald du Vater bist, wird sich dein Leben von Grund auf verändern und niemand kann dir vorher verdeutlichen, wie stark dies sein wird oder wie die Auswirkungen in deinem Fall explizit aussehen werden.

Am besten bleibst du dabei allerdings entspannt und du selbst, denn wenn du dich verstellst oder dich stresst, ist damit weder dir noch der Partnerin oder dem Kind geholfen – ganz im Gegenteil.

MARCO FREUND

Eine freiheitliche Demokratie kann auch durch ein Übermaß an Bürokratie erdrosselt werden.

Wolfgang Schäuble, geboren 1942

ICH WERDE PAPA!

Praktische Tipps für den Alltag

Nachdem du nun viel über dich und deine Partnerin gelernt hast, sollst du einige Fakten erfahren, die dir bei dem Papierkram helfen, der noch vor der Geburt auf euch zukommt. Ihr habt bereits darüber gesprochen, wer wann für das Kind da sein möchte. Hier noch einige Fakten:

- Elternzeit, Elterngeld und Mutterschutz. Für diese Punkte ist es ratsam, wenn ihr euch bereits vor der Geburt zusammensetzt und Verbindung mit den entsprechenden Stellen aufnehmt, damit ihr nicht nach der Geburt zusätzlichen Aufwand betreiben müsst.

MARCO FREUND

o Der **Mutterschutz** beginnt während der Schwangerschaft nach Ermessen des Arztes, spätestens aber sechs Wochen vor dem Stichtag. Der Mutterschutz endet acht Wochen nach der Geburt. Für die Zeit des Mutterschutzes gelten bestimmte Regel, die im Mutterschutzgesetz festgelegt sind. Die Mutter ist weder dem aktuellen noch einem neuen Arbeitgeber gegenüber verpflichtet, die Schwangerschaft mitzuteilen, sollte dies jedoch tun, da dann bestimmt Schutzmaßnahmen an Arbeitsplätzen einzuhalten sind (schweres Heben gehört dazu). Ist die Mutter beruflich mit Kindern in Kontakt, besteht der Mutterschutz ab dem Tag, da die Schwangerschaft festgestellt wird. Für die finanzielle Versorgung während des Mutterschutzes kannst du einen Mutterschutzrechner nutzen, diese stehen mit zahlreichen Funktionen online zur Verfügung. Aber auch Beratungsstellen und die Personalabteilung können Auskünfte erteilen.

o Die **Elternzeit** ist etwas, das euch beiden zusteht, dabei darf der Zeitraum von 12 Monaten nur überschritten werden, wenn beide Eltern sich Elternzeit nehmen und ein Elternteil dabei nicht mehr als 12 Monate nimmt, das andere Elternteil also mindestens zwei Monate der Arbeit fernbleibt. Die traditionelle Aufteilung ist sieben Monate je Partner. Wer in Elternzeit geht, bekommt Elterngeld. Dieses berechnet sich aus dem Nettoeinkommen der letzten 12 Monate,

ICH WERDE PAPA!

beträgt dabei mindestens 300 Euro, maximal aber 1800 Euro. Wer in Elternzeit geht und ein Durchschnittseinkommen unter 1000 Euro hat, erhält je 20 Euro unter diesem Betrag 1 % mehr Elterngeld als die gesetzlichen 67 %. Beispiel: Wer im Schnitt im letzten Jahr vor der Elternzeit (bei der Mutter: vor dem Mutterschutz) 900 Euro netto verdient hat, erhält etwa 621 Euro Elterngeld, davon sind 603 Euro die festen 67 %, die zusätzlichen 14 Euro sind der Bonus, der wegen des geringen Verdienstes gezahlt wird. Auch hierfür gibt es Rechner und Beratungsstellen.

- Gut zu wissen: Während deiner Elternzeit darfst du bis zu 30 Stunden die Woche arbeiten. Der so angefallene Verdienst fließt in die Berechnung des Elterngeldes mit ein. Vorteil: Du bleibst informiert über deinen Arbeitsplatz und dortige Änderungen. Entscheidet ihr euch dafür, dass ihr beide beispielsweise je 20 Stunden arbeitet, könnt ihr eure Arbeitszeit entgegengesetzt legen lassen, sodass einer von euch beiden stets beim Kind ist.

o Einreichungsfrist der Elternzeit beim Arbeitgeber: Spätestens sieben Wochen vor Beginn des Zeitraumes.

o Verlängert ihr die Elternzeit beispielsweise auf zwei Jahre, halbiert sich das Elterngeld, da es nur auf 12 Monate ausgelegt ist.

MARCO FREUND

Zur **Vorbereitung auf die Geburt** solltet ihr Folgendes erledigen:
- Krankenhaus oder Geburtshaus aussuchen oder die Hausgeburt vorbereiten
- Hebamme: Ja oder nein?
- eine Vorauswahl an Vornamen treffen (für beide Geschlechter, falls euer Kind Überraschungen mag)
- einen Terminkalender „am Kühlschrank", in welchem alle Termine stehen
  - Vorsorge- und Ultraschalluntersuchungen
  - Behördengänge
  - Geburtsvorbereitungen
  - Deadlines für Anträge
  - Erste-Hilfe-Kurs
- Übe die Route zum Geburtsort, damit du diese im Ernstfall schnell und sicher bewältigst.
- Tasche mit Kleidung und Unterlagen für den Krankenhausaufenthalt bereitstellen

Dein Kind ist auf der Welt. Das muss dokumentiert werden. Ein „Birthie" reicht dafür nicht aus. Ihr braucht:
- Eine Geburtsurkunde. Beantragung erfolgt durch das Krankenhaus oder durch euch beim Standesamt des Geburtsbezirks. Frist für den Antrag: eine Woche.
- Habt ihr euch noch nicht das Ja-Wort gegeben, geht zusammen zum Standesamt und lasst die Vaterschaft

ICH WERDE PAPA!

anerkennen. Frist: Keine, dieser Gang kann schon vor der Geburt erledigt werden.

- Ein Besuch beim Einwohnermeldeamt: Melde dein Kind direkt selbst dort an und beantrage den Kinderausweis, dann kannst du diesen Punkt auch abhaken.
- Der Antrag auf Kindergeld kann erst nach der Geburt gestellt werden. Dafür ist die Familienkasse/ das Arbeitsamt zuständig. Frist: spätestens sechs Monate werden rückwirkend ausbezahlt. Dauer: bis zu sechs Wochen Bearbeitungszeit. Höhe: 194 Euro für das erste und zweite Kind.
- Änderung der Krankenversicherung: Meldet der Versicherung den Familienzuwachs schnellstmöglich, da das Kind bei seiner ersten Untersuchung nach dem Krankenhaus eine eigene Versicherung benötigt.
- Wohnt ihr zur Miete, meldet dem Vermieter nach der Geburt einen neuen Anwohner.

MARCO FREUND

Die Jugend liebt heutzutage den Luxus. Sie hat schlechte Manieren, verachtet die Autorität, hat keinen Respekt vor älteren Leuten und schwatzt, wo sie arbeiten soll. Die jungen Leute stehen nicht mehr auf, wenn Ältere das Zimmer betreten. Sie widersprechen ihren Eltern, schwadronieren in der Gesellschaft, verschlingen bei Tisch die Süßspeisen, legen die Beine übereinander und tyrannisieren ihre Lehrer.

Sokrates, 469 – 399 vor Christus

ICH WERDE PAPA!

Schluss

Wie das Zitat zeigt, besteht die „Respektlosigkeit der Jugend" seit über 2000 Jahren. Du wirst kein perfekter Vater sein, aber du weißt jetzt, wie du es schaffst, dich nicht von deiner Schattenseite beeinflussen zu lassen, damit du dein Kind nicht in seiner Persönlichkeitsentwicklung beeinträchtigst. Auch hast du eine Übersicht erhalten, welcher bürokratische Akt wann möglich und nötig ist, sodass ihr nicht in Bedrängnis kommt. Spätestens jetzt weißt du auch, dass die Beziehung zwischen dir und der Mutter wichtig für eine glückliche Kindheit eures Nachwuchses ist und wie du diese aufrecht erhalten und sogar stärken kannst.

MARCO FREUND

Wenn du nun mit lesen fertig bist, gib das Buch nicht gleich aus der Hand. Während der kommenden Monate und Jahre kann es dir in Bezug auf deine Beziehung zu Frau und Kind immer wieder Hilfestellung dabei geben, sich wieder auf dich und auf deine eigentlichen Wünsche zu konzentrieren. Immerhin kann es im Alltag passieren, dass du aus den Augen verlierst, was du dir vorgenommen hast. Vielleicht ändert sich aber auch etwas in deinem Leben und du wirst gezwungen sein, umzudenken, auch dann steht dir dieses Buch zur Verfügung.

Auf jeden Fall wirst du, wenn du dir die Ratschläge aus diesem Buch zu Herzen nimmst, eine erfülltere Mutter-Vater-Beziehung führen, ein liebevoller und aufgeschlossener Papa sein und dich dennoch nicht in der neuen, spannenden Lebensaufgabe verlieren.

ICH WERDE PAPA!

Literaturverzeichnis

Bundesamt der Justiz und für Verbraucherschutz: „Bürgerliches Gesetzbuch, Buch 4 - Familienrecht (§§ 1297 - 1921), https://www.gesetze-im-internet.de/bgb/index.html#BJNR001950896BJNE154005140, zuletzt besucht am 24.12.2019.

Bundesamt der Justiz und für Verbraucherschutz: „Sozialgesetzbuch (SGB) - Achtes Buch (VIII) - Kinder- und Jugendhilfe", https://www.gesetze-im-internet.de/sgb_8/index.html#BJNR111630990BJNE004707126, zuletzt besucht am 20.12.2019.

Bundesministerium für Familie, Senioren, Frauen und Jugend: „Alleinerziehende fördern und unterstützen", https://www.bmfsfj.de/bmfsfj/themen/familie/chancen-und-teilhabe-fuer-familien/alleinerziehende, zuletzt besucht am 25.12.2019.

Bundesministerium für Familie, Senioren, Frauen und Jugend: „Elternzeit", https://www.bmfsfj.de/bmfsfj/themen/familie/familienleistungen/elternzeit/elternzeit/73832, zuletzt besucht am 22.12.2019.

Bundesministerium für Familie, Senioren, Frauen und Jugend: „Facetten der Vaterschaft", https://www.bmfsfj.de/blob/76350/71f7fd9dc8cafbe5

ee2393cbe16b6e2c/facetten-vaterschaft-data.pdf, zuletzt besucht am 23.12.2019.

Ellingsæter, Anne Lise/Leira, Arnlaug: „Familienpolitische Reformen in Skandinavien – Gleichberechtigung der Geschlechter und Wahlfreiheit der Eltern", https://www.boeckler.de/wsimit_2007_10_ellingsaeter.pdf, zuletzt besucht am 23.12.2019.

Familienplanung.de: „Sex in der Schwangerschaft", https://www.familienplanung.de/schwangerschaft/sex-in-der-schwangerschaft/, zuletzt besucht am 27.12.2019.

Familienplanung.de: „Sie ist schwanger – ich werde Vater!", https://www.familienplanung.de/schwangerschaft/vater-werden/ich-werde-vater/sie-ist-schwanger-ich-werde-vater/, zuletzt besucht am 26.12.2019.

Familienportal.de: „Elterngeldrechner", https://familienportal.de/familienportal/rechner-antraege/elterngeldrechner, zuletzt besucht am 31.12.2019.

Familienportal.de: „Mutterschutz", https://familienportal.de/familienportal/familienleistungen/mutterschutz, zuletzt besucht am 31.12.2019.

Finke, Christine: „13 Sätze, die ich als Alleinerziehende nicht hören will", https://mama-arbeitet.de/kurzgebloggt/13-saetze-die-ich-als-

ICH WERDE PAPA!

alleinerziehende-nicht-hoeren-will?cn-reloaded=1, zuletzt besucht am 29.12.2019.
Johnnys Papablog: „Meine Bilanz nach einem halben Jahr als alleinerziehender Vater", https://ze.tt/meine-bilanz-nach-einem-halben-jahr-als-alleinerziehender-vater/, zuletzt besucht am 19.12.2019.
Keller, Tobias: „Vater schafft Urlaub: In Schweden ist Elternzeit nicht mehr wegzudenken", https://www.aargauerzeitung.ch/ausland/vater-schafft-urlaub-in-schweden-ist-elternzeit-nicht-mehr-wegzudenken-131894047, zuletzt besucht am 29.12.2019.
Matzner, Dr. Michael: „Vaterbilder und Vaterfunktionen", https://www.familienhandbuch.de/familie-leben/familienformen/muetter-vaeter/vaterbilderundvaterfunktionen.php, zuletzt besucht am 27.12.2019.
Parentifizierung.de: „Parentifizierung – Beispiele", https://parentifizierung.de/beispiele/, zuletzt besucht am 29.12.2019.
Schmelz, Dr. med. Andrea: „Reden Sie mit Ihrem Kind, aber richtig!", https://www.elternwissen.com/erziehung-entwicklung/erziehung-tipps/art/tipp/reden-sie-mit-

ihrem-kind-aber-richtig.html, zuletzt besucht am 24.12.2019.

Schmitz-Scholemann, Christoph: „Ende des Patriarchats bei der Kindererziehung", https://www.deutschlandfunkkultur.de/ende-des-patriarchats-bei-der-kindererziehung.932.de.html?dram:article_id=130516, zuletzt besucht am 25.12.2019.

Stahl, Stefanie: „Das Kind in dir muss Heimat finden", München 2015.

Vaterfreuden.de: „Alleinerziehende Väter – Leben statt Überleben", https://www.vaterfreuden.de/partnerschaft/vater-ohne-partnerin/alleinerziehende-v%C3%A4ter-%E2%80%93-leben-statt-%C3%BCberleben, zuletzt besucht am 29.12.2019.

Vaterleben.ch: „12 Eigenschaften eines guten Vaters", http://www.vaterleben.ch/vaterrolle/129-12-eigenschaften-eines-guten-vaters#, zuletzt besucht 29.12.2019.

Weidner, Jonas und Claudia: „Vater werden für Anfänger", Hamburg ²2019.

Zerle, Claudia / Krok, Isabelle: „Null Bock auf Familie? Der schwierige Weg junger Männer in die Vaterschaft" (Kurzfassung), https://www.bertelsmann-stiftung.de/fileadmin/files/BSt/Presse/imported/dow

nloads/xcms_bst_dms_26376_26377_2.pdf, zuletzt besucht am 27.12.2019.

Zitate: www.aphorismen.de, zuletzt besucht am 27.12.2019.

© Marco Freund 2020
1. Auflage
Marco Senoner: Friedrich Pacher Gasse 2
9900 Lienz
Covergestaltung: Jana Schuhmann
Coverfoto: depositphotos.com

Printed in Poland
by Amazon Fulfillment
Poland Sp. z o.o., Wrocław